数据资产入表全流程解析

DATA AS AN ASSET

恒丰银行 ◎ 著

中国金融出版社

责任编辑：王雪珂
责任校对：刘　明
责任印制：丁淮宾

图书在版编目(CIP)数据

数据资产入表全流程解析／恒丰银行著. -- 北京：中国金融出版社，2024.12. -- ISBN 978-7-5220-2635-0

Ⅰ.F272.7

中国国家版本馆CIP数据核字第20248MJ274号

数据资产入表全流程解析
SHUJU ZICHAN RUBIAO QUANLIUCHENG JIEXI

出版
发行　中国金融出版社

社址　　　北京市丰台区益泽路2号
市场开发部　(010) 66024766，63805472，63439533 (传真)
网 上 书 店　www.cfph.cn
　　　　　　(010) 66024766，63372837 (传真)
读者服务部　(010) 66070833，62568380
邮编　100071
经销　新华书店
印刷　涿州市般润文化传播有限公司
尺寸　169毫米×239毫米
印张　11.5
字数　134千
版次　2024年12月第1版
印次　2024年12月第1次印刷
定价　86.00元
ISBN 978-7-5220-2635-0

如出现印装错误本社负责调换　联系电话 (010) 63263947

课题组

课题总策划： 辛树人

课题负责人： 毕国器　徐　彤　杨立斌

课题执行人： 缪海斌　赵　南　董志强　邱蓉蓉

课题组成员： 谭云霞　陈晓丽　张　岩
　　　　　　　杨子琦　张　勇　苏晓曼
　　　　　　　刘雪晴　林　睿　宋慧媛
　　　　　　　初　巍　王　钧　刘莎莎

序 言

习近平总书记指出，数据是新的生产要素，是基础性资源和战略性资源，也是重要生产力。为顺应全球数字化浪潮，近年来国家从战略高度出发，出台了一系列政策和制度，旨在构建更加完善的数据要素市场化配置体制机制，促进数据要素更好地发挥在经济社会中的作用。这些政策的出台和推行，为数据资产化发展奠定了坚实基础。2024年1月1日起，财政部发布的《企业数据资源相关会计处理暂行规定》（以下简称《暂行规定》）正式施行，数据资产入表步入实质性落地阶段，极大推动了数据资产化进程。数据资产入表不仅是企业财务合规的必答题，也是企业数字化转型与业务模式创新的重要驱动力。在政策引领下，各类市场主体积极响应，纷纷启动数据资产入表工作。

然而，将数据资产纳入财务报表进行核算和管理是当前会计领域的新探索，尽管《暂行规定》对数据资产入表的范围、计量、列报及披露等相关内容进行了界定，但由于企业中的数据资源类型多、规模大，如何选取并判定为数据资产进行入表核算，仍面临一系列困难与挑战。同时，数据资产入表涉及数据、会计、法律、评估等多领域专业技能，增加了实务操作难度。企业常态化推进数据资产入表工作，需要自身掌握全流程技能，降低依托第三方的入表成本，为此，亟须高实操性、高参考价值的实践指引和方案参考。

为审慎论证和稳妥推进数据资产入表工作，恒丰银行围绕数据资产判定条件展开论证，对全行282个开发项目进行系统梳理，前后推进60余次深度调研，最终确定与应用场景密切相关的数据产品为典型案例，并经过外部审计机构的评审认可，确保了合规性和严谨性，在同业内率先实现数据资产入表核算。依托此次实践，恒丰银行构建了数据资产入表"识别界定—盘点治理—合规确权—收益论证—成本计量—列报披露"全流程，形成了一套可复制推广的"数资六步"入表解决方案，并将全流程的核心内容凝练到本书中，以期为数据资产入表需求企业提供有益参考。

本书共分为六个章节，从经济形势、政策背景、入表现状分析、数据资产化核心概念、入表方法论、实践全流程等方面展开深度解析，聚焦实践，为企业实施数据资产入表提供操作指南。可以切实助力企业解决以下问题：

企业数据资产入表落地路径；

实务中组织架构的设置；

可入表数据资源的类型划分及判定条件界定；

基于入表开展数据资产盘点与治理；

数据合规与权属梳理要点及检查清单；

数据资产经济利益分析论证；

数据资产成本计量范围及核算方法；

数据资产科目设置及财务系统适配性改造；

数据资产价值评估，各估值参数的细化测算；

数据资产列报和披露等具体内容。

数据资产会计核算方式需要根据实务需求不断创新发展。企业在推进数据资产入表过程中，应秉持创新理念，不断深入会计理论与实践的前瞻性探索，持续发挥会计在服务数据资源业务和数字经济发展方面的基础性作用，更好推动数据要素价值挖掘与释放。下一步，恒丰银行将继续深入贯彻中央金融工作会议精神，主动融入数字经济发展大势，积极推进数据资产入表模式的迭代优化、数据资产化路径创新探索，助力培育壮大经济发展新动能。

最后，特别感谢中国金融出版社的大力支持，感谢对数据资产入表重点任务给予支持和帮助的各位领导同事。同时，感谢在数据资产入表等领域作出贡献的专家学者和组织单位，为本书的撰写提供了理论基础和有益参考。本书密切关注数据资产入表实践前沿，努力做到理论严谨、逻辑清晰、聚焦务实，受研究水平所限，在撰写过程中可能存在诸多不足，敬请各位专家学者、业界同仁和热心读者不吝指正。

目 录

第一章　数据资产入表背景与意义

一、经济形势分析　3
（一）数字经济蓬勃发展　3
（二）数据要素价值日益凸显　3
（三）数据交易市场逐步壮大　4
（四）数据资产入表大势所趋　4

二、相关政策梳理　5
（一）国家顶层规划引领　5
（二）部门强化指导落实　6
（三）地方因地制宜发展　8

三、数据资产入表意义　9
（一）提升企业财务合规水平　9
（二）推进业务转型与创新　10
（三）激发数字经济内生动力　11

第二章　数据资产入表行业进展

一、上市公司入表现状及分析　15
（一）入表行业及区域分析　18
（二）入表金额及列报科目　19

（三）入表数据类型及形成方式　　21
　　（四）摊销方法及摊销期限　　22

二、非上市公司入表现状及分析　　23
　　（一）入表主体属性分析　　28
　　（二）入表数据类型分析　　28
　　（三）入表行业分析　　29
　　（四）入表区域分析　　29

第三章　数据资产入表基础概念

一、数据资产化发展阶段　　33
　　（一）原始数据到数据资源　　34
　　（二）数据资源到数据资产　　34
　　（三）数据资产到数据资本　　35

二、数据资产特征　　36
　　（一）业务附着性　　36
　　（二）多次衍生性　　36
　　（三）介质依托性　　36
　　（四）价值易变性　　37

三、数据资产分类　　37
　　（一）数据资产分类关注点　　37
　　（二）按生产和应用方式分类　　38
　　（三）按数据来源分类　　39

四、数据资产入表原则　　40
　　（一）依法依规，稳妥审慎　　40
　　（二）聚焦务实，试点先行　　40
　　（三）加强创新，迭代优化　　41

第四章 数据资产入表方法论

一、数据资产入表理论基础 ... 45
（一）以 IASB 新框架为基础 ... 45
（二）以企业会计准则为基础 ... 46

二、数据资产入表方法的研究进展 ... 48
（一）确认为"无形资产"科目核算 ... 48
（二）确认为"存货"科目核算 ... 48
（三）新设"数据资产"科目核算 ... 49
（四）开创性构建"数据资产表" ... 50

三、《暂行规定》深度解读 ... 51
（一）适用范围 ... 52
（二）数据资源无形资产的会计处理 ... 54
（三）数据资源存货的会计处理 ... 56
（四）列报和披露要求 ... 57
（五）实务注意事项 ... 58

四、数据资产入表挑战 ... 59
（一）数据资产范畴不明晰 ... 60
（二）数据合规与确权复杂 ... 60
（三）数据资产成本归集难 ... 61
（四）数据资产收益论证难 ... 62

第五章 数据资产入表实践解析

一、实践路径与执行架构 ... 67
（一）数据资产入表实践路径 ... 67
（二）数据资产入表执行架构 ... 68

二、数据资产识别界定 70
（一）数据资产判定标准 70
（二）数据资产范畴界定 71
（三）会计核算科目判断 72

三、数据资产盘点治理 74
（一）数据资产盘点梳理 74
（二）数据资产研发链路分析 76
（三）数据资产治理与运营 78

四、数据资产合规确权 81
（一）数据合规梳理 81
（二）数据权属梳理 83
（三）数据合规确权检查清单 84

五、数据资产经济利益分析论证 91
（一）经济利益场景分析 91
（二）入表试点场景选择 93
（三）数据资产收益测算 95
（四）数据资产价值评估 98

六、数据资产成本计量与分摊 105
（一）数据资产成本核算范围 105
（二）资本化与费用化的划分 106
（三）直接成本归集 108
（四）间接成本分摊 110

七、数据资产列报与披露 111
（一）数据资产科目设置 111
（二）财务系统适配性改造 112
（三）数据资产列报方法 112
（四）数据资产披露事项 114
（五）配套制度制定 116

第六章　建议与展望

一、持续完善政策法规 　121
（一）持续推进顶层制度落地 　121
（二）优化会计理论适配时代发展 　122
（三）加大数据立法的国际合作 　122

二、多方协作构建入表生态体系 　123
（一）加强制度建设和市场监管引导 　123
（二）推动标准制定和交流合作 　124
（三）强化数据治理与共享利用 　124

三、充分发挥金融功能性作用 　125
（一）积极探索可推广的入表模式 　125
（二）拓展数据资产入表咨询服务 　126
（三）创新开展数据资产融资业务 　126

附　录

附录1　数据要素相关的政策梳理 　129

附录2　《企业数据资源相关会计处理暂行规定》 　132

附录3　《数据资产评估指导意见》 　140

附录4　《资产评估专家指引第9号——数据资产评估》 　147

参考文献 　163

第一章

数据资产入表背景与意义

一、经济形势分析

（一）数字经济蓬勃发展

数据作为数字经济时代的新型生产要素，对经济增长提供了强大创新动能。习近平总书记指出，"当今时代，数字技术、数字经济是世界科技革命和产业变革的先机，是新一轮国际竞争重点领域，我们一定要抓住先机、抢占未来发展制高点"。随着数字技术的快速发展，数字经济成为当前继农业经济、工业经济之后的主要经济形态，党中央准确把握我国经济发展的阶段性特征，出台一系列重大政策、作出一系列战略部署，推动我国数字经济发展加快"提速换挡"。根据中国信通院发布的《中国数字经济发展研究报告（2024年）》，我国数字经济规模由2012年的11.2万亿元增长至2023年的53.9万亿元，11年间规模扩张了3.8倍；数字经济在国民经济中的地位持续提升，2023年数字经济占GDP的比重达到42.8%，较上年提升1.3个百分点，数字经济对GDP增长的贡献率达66.45%，有效支撑了经济的稳步增长。

（二）数据要素价值日益凸显

随着数字经济发展的不断深入，数据作为生产要素的重要性日益凸显。根据全国数据资源调查工作组统计结果，2023年我国数据生产总量达32.85ZB，同比增长22.44%，在政产学研用合力推动下，我国数据规模实现快速增长，数据流通交易架构逐步形成，数据要素价值加快释放。无论是国家层面还是企业层面，数据资源的重要性都不言而喻，据《全国数据资源调查报告（2023年）》，96%的行业重点企业已实现数据场景化应用，其中超八成行业重点企业已经运用数据辅助运营管理优化，半数企业在生产环节实现数据驱动。尤其对数据密集型行业而言，数据不仅是企业运营和创新的基础，更是推动业务增长和提升竞争力的重要资源。推动日益增长的海量数据转化为有价值、可计量的资产，成为企业管理的重要课题。

（三）数据交易市场逐步壮大

数据交易市场为数据供需双方提供规范、便捷的交易平台，有利于打破数据孤岛，促进数据资源的共享与应用。在全球范围内，数据交易市场正在迅速崛起，成为数字经济不可或缺的支柱。《中国数据交易市场研究分析报告（2023年）》显示，2022年全球数据交易规模达到906亿美元，中国数据市场交易规模占全球13.4%，预测至2030年，全球数据交易市场规模有望达到3011亿美元。为促进数据要素的有序流动，各国法律和监管框架也在不断完善，为数据交易提供了坚实的法律保障，如欧盟的《通用数据保护条例（GDPR）》，不仅规范了数据的收集、使用和交易行为，还确保数据交易在合规安全的框架下进行。我国政府高度重视数据交易市场的健康合规发展，出台了《数据安全法》《个人信息保护法》《关于构建更加完善的要素市场化配置体制机制的意见》《关于构建数据基础制度 更好发挥数据要素作用的意见》等一系列文件，为数据交易市场发展提供法律保障和政策支持。截至2024年6月，我国已有80多个数据交易所及数据交易中心。

（四）数据资产入表大势所趋

当前，数据已然成为重要的战略性资源，而数据资产入表则是企业更好地利用数据生产要素赋能业务发展、打开增量空间的重要一步。随着国家顶层设计的不断完善，围绕数据要素持续出台的一系列重磅文件，进一步筑牢了数据基础制度体系的"四梁八柱"，不断夯实数据资产入表基础。将数据资产纳入财务报表进行核算，能够真实、直观地反映企业数据状况，提升财务状况透明度。这一过程不仅为数据资产的管理、利用和评估提供了坚实的信息支撑，还能通过数据资产入表过程中的合规确权和价值评估，增加数据资产交易流通的安全性与公允性，有效推动数据要素的市场化进程。未来，随着数据资产入表的推广和数据交易市场的不断成熟，数据资产价值将被进一步盘活释放，推动数字经济向纵深发展。

二、相关政策梳理

近年来，我国在推动数据要素市场和数据资产化发展等方面出台了一系列政策和制度，旨在构建更加完善的市场化配置体制机制，推动数据要素更好地发挥在经济社会中的作用。这些政策的出台和推行，为数据资产入表奠定了坚实基础。

（一）国家顶层规划引领

为顺应全球数字化浪潮，推动我国新质生产力发展，近年来，国家从战略高度出发，出台了一系列政策文件，勾勒出数字经济发展的宏伟蓝图。2020年4月，中共中央、国务院发布《关于构建更加完善的要素市场化配置体制机制的意见》，首次将数据与土地、劳动力、资本和技术并列为五大生产要素，并强调要加强数据资源整合和安全保护、提升社会数据资源价值。

在接下来的三年时间，《中华人民共和国国民经济和社会发展第十四个五年规划和2035年远景目标纲要》《"十四五"数字经济发展规划》《数字中国建设整体布局规划》相继出台，均强调要激发数据要素潜能，构建了我国数字经济建设的总体框架。2022年12月，中共中央、国务院发布《关于构建数据基础制度更好发挥数据要素作用的意见》（简称"数据二十条"），从数据产权、流通交易、收益分配、安全治理等方面提出了系统性政策举措。进一步地，二十届三中全会明确加快建立数据产权归属认定、市场交易、权益分配、利益保护制度，提升数据安全治理监管能力，为数据要素市场化配置和数据资产化发展做出了具体指导部署。

（二）部门强化指导落实

为积极贯彻落实中共中央、国务院对于数字经济的战略部署，更好发挥数据基础资源和创新引擎作用，财政部、国家数据局等相关部门相继发布了一系列专项制度文件，明确数据资源在管理运营、会计处理、价值评估等方面的要求，为数据资产入表和数据价值挖掘提供了行动指南。

数据资产管理运营方面，为建立完善的数据资产管理制度，促进数据合规高效流通使用，2023年底至2024年初，财政部先后发布《关于加强数据资产管理的指导意见》《关于加强行政事业单位数据资产管理的通知》，强调数据资产全过程管理以及合规化、标准化、增值化。2024年1月，国家数据局等17个部门联合发布《"数据要素×"三年行动计划（2024—2026年）》，提出未来三年数据要素在工业制造、现代农业等12个领域的重点行动方案，为数据要素市场发展按下"加速键"，到2026年底数据要素应用广度和深度将大幅拓展。2024年5月，国家数据局进一步推动24家数据交易机构联合发布《数据交易机构互认互通倡议》，促进数据产品流通和提高交易效率，推动构建统一开放、活跃高效的数据要素市场，促进数据供得出、流得动、用得好。

数据资产会计处理方面，2023年8月财政部发布的《企业数据资源相关会计处理暂行规定》标志着数据资产入表工作正式启动，该规定明确了数据资产的确认范围和会计处理办法，为企业数据资产的精细化管理奠定了基础。与此同时，多项政策文件对数据资产会计处理与信息披露提出了相关要求。例如《"数据要素×"三年行动计划（2024—2026年）》提出，推动企业按照国家统一的会计制度对数据资源进行会计处理。《关于加强数据资产管理的指导意见》将"完善数据资产信息披露报告"作为十二项主要任务之一，鼓励数据资产各相关主体按有关要求及时披露、公开数据资产信息，并强调稳步推进国有企业和行政事业单位所持有或控制的数据资产纳入本级政府国有资产报告工作，接受同级人大常委会监督。

数据资产价值评估方面，中国资产评估协会先后在2019年12月发布《资产评估专家指引第9号——数据资产评估》和2023年9月发布《数据资产评估指导意见》，提出数据资产的评估方法和流程，推动数据资产价值评估在行业内的标准化和科学化发展。2024年1月，国务院国资委发布《关于优化中央企业资产评估管理有关事项的通知》，鼓励中央企业采用资产评估方式对包括数据资产在内的各类资产进行价值认定。《暂行规定》充分适用现行准则的会计确认计量要求，一般以历史成本法进行计量，而数据资产评估充分体现了其现行价值和潜在价值，更好地激发企业管理和使用数据资产的积极性，进而提高数据要素的创新活力和流通意愿。

（三）地方因地制宜发展

各地政府积极响应国家号召，结合本地实际情况，制定了一系列具有地方特色的数据领域法规，推进数据资产化工作。例如，深圳市出台的《深圳经济特区数据条例》是国内数据领域首部基础性、综合性立法，涵盖了个人数据、公共数据、数据要素市场、数据安全等方面。北京市通过《北京市数字经济促进条例》等法规，明确了数据在数字经济发展中的核心地位，并规划了数据资产管理和利用的具体路径，《北京市数字经济全产业链开放发展行动方案》进一步推动了数据在产业链各环节的流通和价值释放。上海市依托《上海市数据条例》和《上海市数据交易场所管理实施暂行办法》，建立起数据要素市场体系，为数据资产交易和流通提供了法律保障和制度支持。

其他省市也纷纷出台相关地方性法规，如《广东省数字经济促进条例》《山东省大数据发展促进条例》《天津市促进大数据发展应用条例》等，这些法规不仅明确了数据资产的定义、分类、权属、评估等关键环节，还建立了数据资产交易平台，制定了相应的交易规则和监管措施，为数据资产的市场化运作提供了有力保障。

总体来看，这些政策提升和强化了数据要素在经济社会中的重要地位，从多方面推动了数据资产化的发展。特别是随着相关会计处理规定和数据资产管理指导意见的实施，企业在数据资源上的支出得以资本化确认，数据资产管理制度更加健全，将有力推动企业更加系统化地管理和利用数据资源，促进数据驱动型创新和高质量发展。相关的政策梳理见附录1。

三、数据资产入表意义

（一）提升企业财务合规水平

《暂行规定》适用于所有执行企业会计准则的企业，2024年1月1日实施后，数据资产入表核算不再是企业内部管理视角的选择题，而是财务合规视角的必答题。企业通过入表的形式对数据资产进行确认，可以将数据资源建设成本由损益类变成资产类，改善和平滑企业的盈利表现，准确反映真实盈利情况。同时，数据资产入表也有助于企业合理量化数据资产价值，并以披露的方式展示数据资源综合实力，提升财务报表的真实性和完整性，赋能投资者对企业数字化业务能力的准确评估，增强企业资产规模表现和在市场中的竞争地位与融资能力。

数据资产入表能有效推动企业在数据治理与管理能力方面的提升。企业要真正发挥数据的生产要素作用，数据资产化是先决条件之一，企业可以凭借数据资产入表的契机，推动企业层面的数据资源全面盘点与治理，健全数据治理与管理体系。利用数字化工具和技术，加强对数据资源的全生命周期管理，提升数据质量和合规水平，增强数据的标准化与可用性，为数据价值挖掘和高效利用奠定基础。

数据资产入表能够显化数据资产价值，为数据资源的开发利用和优化配置提供重要的信息支撑。企业清晰地识别和评估数据资产，可以更好地推进数据驱动型决策，改善企业内部运营流程，实现管理精细化升级，快速洞察市场变化及客户需求，以制定更具针对性的市场策略和产品研发计划。同时，通过数据资产入表过程中对数据资产成本和价值的客观计量，企业能够精确量化和全面审视其在数据资源开发领域的投资规模与成效，更准确地评估数据资产的价值创造能力，以价值为导向优化数据资源配置，指导未来的投资决策。

（二）推进业务转型与创新

作为数据资产化的直接呈现方式，数据资产入表可以促进产业转型升级以及数字经济与实体经济的融合发展。对企业而言，数据资产入表意味着管理理念和经营模式的重大转变，促使企业重视数据资源管理与开发利用，并将带动上下游数据内容业、数据服务业、相关软硬件研发制造业等数据产业链的发展。同时，数据资产入表可以推动数据要素标准和规范的建立，提升数据透明度和可信度，使企业之间数据共享和协作更加顺畅，有助于形成数据协同效应，拓展数据资产行业应用场景，推动金融科技和业务模式创新。

数据资产入表也有助于企业拓宽融资渠道，推动金融服务创新。随着《"数据要素×"三年行动计划（2024—2026年）》《加强数据资产管理的指导意见》等重要文件对金融业产品和服务的创新指引，数字金融领域关于数据资产入表及融资案例持续涌现。例如，在数据资产融资方面，数据资产质押贷款与无质押增信成为主流方向，目前国内已有多家银行落地了数据资产质押融资业务。由数据资产衍生的金融服务可有效降低轻资产、重数据企业的融资门槛，也为金融业提供了新的业务增长点。

依托数据资产入表丰富的实践案例，可以强化会计领域创新研究。在《暂行规定》出台之前，对于数据能否成为会计意义上的资产、能否计入企业资产负债表，一直是各界讨论的焦点。尽管国内外会计准则在数据资产入表方面已经开展了一系列前瞻性探索，但由于数据资产的特殊性以及数据要素市场发展的初期现状，数据资产入表推进仍面临一系列难题。随着《暂行规定》的出台和企业数据资产入表的落地，将从理论和实践两个层面推进会计创新，加强以实践为基础的会计理论前瞻研究。

（三）激发数字经济内生动力

通过数据资产表外披露中的估值计价，助力完善数据要素市场规则机制。近年来，在国家的大力支持下，我国数据要素市场逐步壮大，数据交易机构、数据产品种类、交易额都不断刷新纪录。依托数据资产入表和估值，将加速数据资产定价机制统一标准建设，搭建数据要素市场化配置体系的价值计量基础，从而提高数据要素的市场化配置效率，促进数据资源的流通和利用，为数据要素市场的健康发展提供坚实的基础。

数据资产入表核算与运营盘活，有助于推动构建"市场主导、政府引导、多方共建"的数据资产治理模式，提高政府公共数据运营效率与服务效能。传统的地方财政收入很大程度上依赖土地出让金，但随着城市化进程的推进，土地资源的有限性凸显，单纯依赖土地财政的模式难以为继。数据与土地不同，不仅不会越用越少，而且会日益增加，作为一种新型生产要素，为地方经济发展提供新的增长点。通过政务数据的开发利用、授权运营等方式，提升地方政府公共服务和数据运营能力，逐步实现从传统的资源依赖型发展模式向创新驱动型发展模式转变，推动经济结构优化升级。

第二章
数据资产入表行业进展

《暂行规定》于2024年1月1日正式施行，为企业数据资产的会计处理提供了明确的指导。在政策引领下，各类市场主体积极响应，纷纷启动数据资产入表工作。本章结合2024年A股上市公司半年报信息及非上市企业截至9月公开披露的入表信息，总结分析数据资产入表的行业现状及特点。

一、上市公司入表现状及分析

根据上市公司2024年半年报披露信息，36[①]家A股上市公司已将数据资产纳入资产负债表核算，入表总金额达到5.47亿元，详细情况见表2-1。

表2-1　2024年A股上市公司数据资产入表情况

企业名称	入表科目	入表金额（万元）	占总资产比值（%）	摊销年限	摊销方法	形成方式	所属行业	所属地区
同方股份	无形资产	5798	0.1166	3~6年	直线法	自行开发	制造业	北京市
航天宏图	无形资产	3674	0.6057	3~5年	直线法	外购+自行开发	信息传输、软件和信息技术服务业	北京市
每日互动	无形资产	2333	1.2668	5年	加速法	自行开发	信息传输、软件和信息技术服务业	浙江省
卓创资讯	无形资产	1787	1.9604	5年	加速法	自行开发	信息传输、软件和信息技术服务业	山东省

---

① 有5家上市公司虽在半年报中披露了数据资产信息，但将无形资产或存货全部确认为数据资产，考虑到可能存在列报错误，本章对5家样本公司进行了剔除。

数据资产入表全流程解析

续表

企业名称	入表科目	入表金额（万元）	占总资产比值（%）	摊销年限	摊销方法	形成方式	所属行业	所属地区
中远海科	无形资产	879	0.3391	—	—	自行开发	信息传输、软件和信息技术服务业	上海市
海通证券	无形资产	414	0.0006	—	—	自行开发	金融业	上海市
交建股份	无形资产	281	0.0272	—	—	—	建筑业	安徽省
福石控股	无形资产	55	0.0394	—	—	自行开发	租赁和商务服务业	北京市
日照港	无形资产	44	0.0011	—	—	自行开发	交通运输、仓储和邮政业	山东省
中文在线	无形资产	40	0.0249	3年	直线法	外购	文化、体育和娱乐业	北京市
中交设计	无形资产	35	0.0013	—	—	自行开发	制造业	甘肃省
山东高速	无形资产	33	0.0002	3~5年	直线法	自行开发	交通运输、仓储和邮政业	山东省
青岛港	无形资产	23	0.0004	—	—	—	交通运输、仓储和邮政业	山东省
浙江交科	无形资产	23	0.0003	3年	直线法	自行开发	建筑业	浙江省
凌云光	无形资产	16	0.0033	3~10年	直线法	外购	制造业	北京市
首药控股-U	无形资产	16	0.0151	—	—	外购	制造业	北京市
中国电信	开发支出	10500	0.0121	2~5年	直线法	自行开发	信息传输、软件和信息技术服务业	北京市
中国联通	开发支出	8476	0.0127	—	—	自行开发	信息传输、软件和信息技术服务业	北京市
拓尔思	开发支出	1738	0.4675	—	—	自行开发	信息传输、软件和信息技术服务业	北京市
美年健康	开发支出	752	0.0404	—	—	自行开发+其他	卫生和社会工作	江苏省
数字政通	开发支出	502	0.1035	—	—	自行开发	信息传输、软件和信息技术服务业	北京市

第二章　数据资产入表行业进展

续表

企业名称	入表科目	入表金额（万元）	占总资产比值(%)	摊销年限	摊销方法	形成方式	所属行业	所属地区
圆通速递	开发支出	373	0.0085	5~10年	直线法	自行开发	交通运输、仓储和邮政业	辽宁省
广电运通	开发支出	263	0.0100	—	—	自行开发	制造业	广东省
孩子王	开发支出	258	0.0269	—	—	自行开发	批发和零售业	江苏省
佳华科技	开发支出	256	0.2234	—	—	自行开发	信息传输、软件和信息技术服务业	北京市
国源科技	开发支出	254	0.3906	—	—	自行开发	信息传输、软件和信息技术服务业	北京市
海格通信	开发支出	147	0.0076	—	—	自行开发	制造业	广东省
金盘科技	开发支出	89	0.0101	—	—	自行开发	制造业	海南省
中国移动	无形资产	2900	0.0035	2~5年	直线法	自行开发	信息传输、软件和信息技术服务业	北京市
中国移动	开发支出	4100	0.0035	2~5年	直线法	自行开发	信息传输、软件和信息技术服务业	北京市
小商品城	无形资产	845	0.0487	—	—	自行开发	租赁和商务服务业	浙江省
小商品城	开发支出	910	0.0487	—	—	自行开发	租赁和商务服务业	浙江省
开普云	无形资产	382	0.6205	5年	直线法	自行开发	信息传输、软件和信息技术服务业	广东省
开普云	开发支出	795	0.6205	5年	直线法	自行开发	信息传输、软件和信息技术服务业	广东省
神州数码	无形资产	165	0.0118	—	—	自行开发	制造业	广东省
神州数码	开发支出	390	0.0118	—	—	自行开发	制造业	广东省
南钢股份	无形资产	15	0.0072	—	—	自行开发	制造业	江苏省
南钢股份	开发支出	486	0.0072	—	—	自行开发	制造业	江苏省

续表

企业名称	入表科目	入表金额（万元）	占总资产比值（%）	摊销年限	摊销方法	形成方式	所属行业	所属地区
药易购	无形资产	184	0.1154	3~5年	直线法	外购+自行开发	批发和零售业	四川省
	开发支出	10						
观典防务	存货	818	3.8715	—		自行开发	科学研究和技术服务业	北京市
	无形资产	3034						
海天瑞声	存货	627	0.7960	—		自行开发	信息传输、软件和信息技术服务业	北京市

注：根据A股上市公司半年报资料整理。

（一）入表行业及区域分析

从行业分布看，按照国民经济行业分类，已实现数据资产入表的上市公司覆盖十大行业，多集中在信息传输、软件和信息技术服务业以及制造业（见图2-1）。其中，信息传输、软件和信息技术服务业入表企业达到13家，占企业总数比重为36%，该行业中的企业主要布局软件研发、人工智能和大数据服务领域，在数据处理和分析方面拥有先进技术和丰富经验，往往能够有效识别、管理和利用数据资产，从而在数据资产入表方面占据优势。其次是制造业，入表企业达到9家，占企业总数比重为25%，传统制造行业通过数字化升级，推动流程优化和降本增效，积累的数据库以及加工分析产生的数据模型、数据产品为数据资产入表奠定基础。

从区域分布看，经济发达地区优势明显。其中，北京、广东、山东、浙江、江苏等经济发达地区实现数据资产入表企业数量较多，均在3家以上，尤其是北京入表企业数量达到15家，占总数的比重较大。一定程度上表明经济发达地区的企业在数据资产的管理和利用方面较为积极和成熟,也与上市公司整体区域分布集中度密不可分。

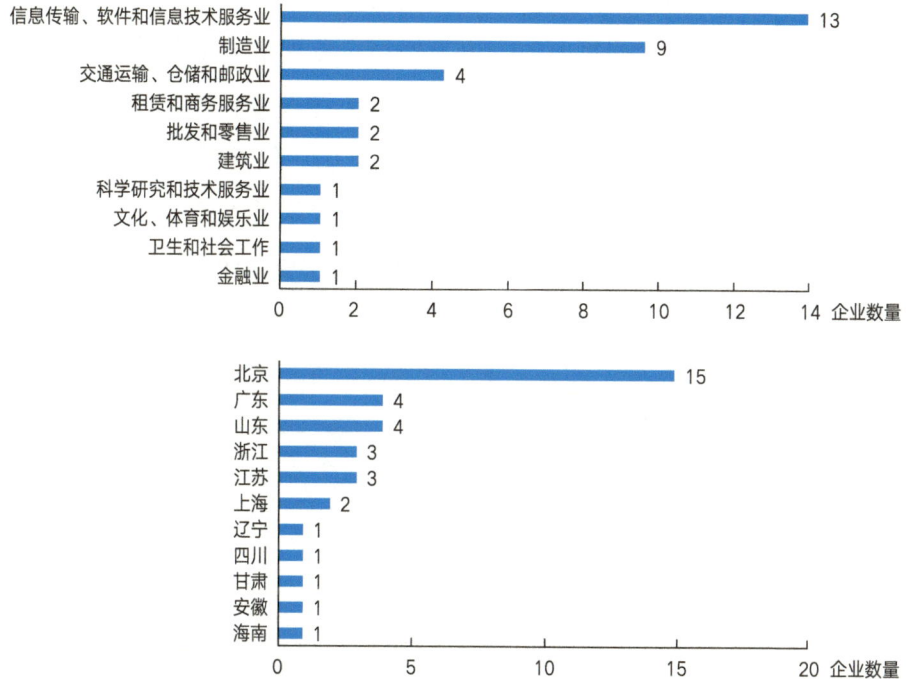

图2-1 数据资产入表上市公司行业及区域分布

(二)入表金额及列报科目

从入表金额看,目前数据资产入表金额体量较小。36家上市公司中,入表金额总计5.47亿元,数据资产金额分布在100万元以下的有10家,在100万元至1000万元之间有15家,两者占比近70%。入表金额在5000万元以上的仅4家,其中,中国电信、中国联通、中国移动三大运营商数据资产入表金额达到7000万元以上,数据体量大、活跃度高、开发能力强,作为央企,对数据资产入表形成较强的标杆意义。

19

总体来看，入表企业的数据资产占总资产的比值仅能达到万分之一，规模依然很小，对财务报表影响有限。

从入表科目看，无形资产和开发支出列报科目在企业数量和金额上都占据绝对多数（见图2-2）。共有34家企业列报了无形资产或开发支出科目，其中，共有16家将入表数据资产计入无形资产，12家计入开发支出，6家同时存在无形资产和开发支出。仅有海天瑞声和观典防务两家企业列报了存货科目的数据资产。36家已入表上市企业中，计入开发支出的金额合计3.03亿元，占比为55.37%；计入无形资产的金额合计2.3亿元，占比为41.99%；计入存货的金额最少，仅为0.14亿元，占比为2.64%。无形资产和开发支出成为数据资产入表的主要科目。

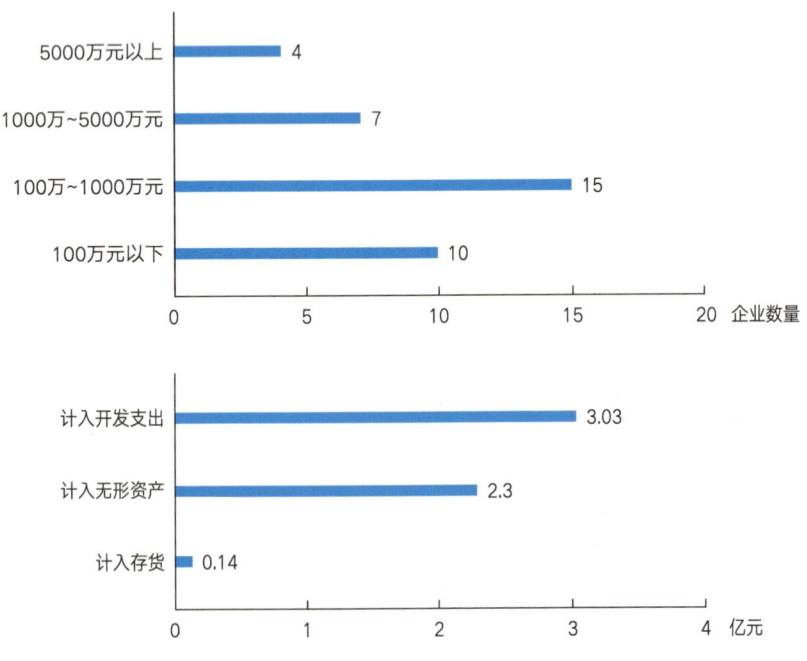

图2-2 入表数据资产金额及科目分布

（三）入表数据类型及形成方式

从形成方式看，数据资产的形成方式以自行开发为主（见图2-3），共有28家企业的数据资产是自主开发，占企业数量的82%。3家企业既有自行开发也有外购或其他方式取得的数据资产，很少部分企业为单独外购方式产生。

在企业自行开发形成的数据资产成本核算中，海天瑞声详细披露了数据资源存货的核算成本项。其采用项目制核算，数据资产成本核算内容包括项目开始至项目完成所发生的，与项目相关的直接人工、数据服务费（采集和标注费用）以及其他相关费用（如设备费、差旅费等）。

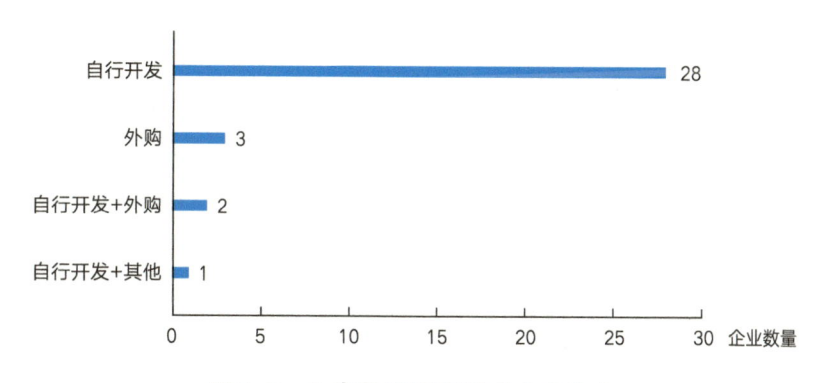

形成方式	企业数量
自行开发	28
外购	3
自行开发+外购	2
自行开发+其他	1

图2-3 入表数据资产形成方式分布

从数据类型看，入表数据资产多为数据集、数据库或数据模型类产品，例如以同方股份、航天宏图、日照港等企业为代表的数据集库，以及以每日互动、数字政通、开普云等为代表的数据模型。

（四）摊销方法及摊销期限

从摊销方法看，多采用直线摊销法对已入表数据资产进行摊销，如图2-4所示。共有13家上市公司披露了列报为无形资产或开发支出的摊销方式和摊销年限。其中，11家企业采用直线摊销法进行数据资产的后续核算，仅有2家企业采用加速摊销法，分别为每日互动和卓创资讯。

从摊销年限看，由于数据资产自身的差异性较大，上市企业设定的摊销年限差异较大，从2年到10年不等，以3~5年为主。中国电信和中国移动摊销年限最低达到2年；圆通速递和凌云光披露的摊销年限最高达到10年。

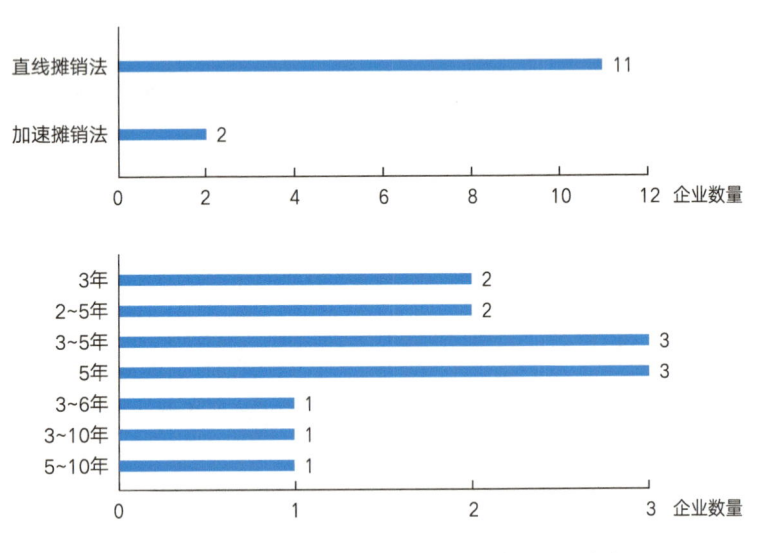

图2-4 入表数据资产摊销方法及摊销期限分布

二、非上市公司入表现状及分析

除上市公司外，以江苏、山东等经济大省作为引领，全国各地掀起了数据资产入表的热潮。统计显示，截至2024年9月末，全国22个省（直辖市）已落地数据资产入表案例，入表的非上市企业数量已达到70余家，入表企业详细情况见表2-2。

表2-2 国内非上市企业数据资产入表情况

序号	企业名称	入表资产	所属行业	所属地区
1	宿迁市江苏钟吾大数据发展集团有限公司	宿迁宿城区内企业近一年行政处罚可视化分析数据	信息传输、软件和信息技术服务业	江苏省
2	南京公共交通（集团）有限公司	700亿条公交数据	交通运输、仓储和邮政服务业	江苏省
3	南京扬子国资投资集团有限责任公司	3000户企业用水脱敏数据	建筑业	江苏省
4	先导（苏州）数字产业投资有限公司	超30亿条智慧交通路侧感知数据	租赁和商务服务业	江苏省
5	宜兴市大数据发展有限公司	宜兴市三维地理信息	信息传输、软件和信息技术服务业	江苏省
6	南京城建城市运营集团有限公司	南京"宁停车"特许经营停车场停车行为分析数据产品	建筑业	江苏省
7	无锡地铁集团有限公司	地铁线路运行数据	交通运输、仓储和邮政服务业	江苏省
8	无锡市公共交通集团有限公司	公交运营数据	交通运输、仓储和邮政服务业	江苏省
9	盐城港集团	集装箱码头生产操作系统（TOS）、电子口岸系统、港机设备物资管理系统（EAM）、散杂货生产管理系统（MES）	交通运输、仓储和邮政服务业	江苏省

续表

序号	企业名称	入表资产	所属行业	所属地区
10	南京江北智慧交通有限公司	江北新区停车场泊位分布数据集	交通运输、仓储和邮政服务业	江苏省
11	无锡市梁溪大数据有限公司	产业发展、公共服务领域的数据	信息传输、软件和信息技术服务业	江苏省
12	中科城市大脑数字科技（无锡）有限公司	产业发展、公共服务领域的数据	科学研究和技术服务业	江苏省
13	鲜度数据（无锡）有限公司	产业发展、公共服务领域的数据	信息传输、软件和信息技术服务业	江苏省
14	江苏猪八戒网企业服务有限公司	产业发展、公共服务领域的数据	租赁和商务服务业	江苏省
15	青岛华通国有资本投资运营集团有限公司	企业信息核验数据集	制造业	山东省
16	青岛北岸智慧城市科技发展有限公司	数字城市建设过程中积累的数据资产，"攀雀"平台所承载的BIM（建筑信息模型）数据	科学研究和技术服务业	山东省
17	济南能源集团有限公司	供热管网GIS系统数据	电力、热力、燃气及水生产和供应业	山东省
18	临沂铁投城市服务有限公司	临沂市高铁北站停车场数据资源集	水利、环境和公共设施管理业	山东省
19	山东港口科技集团有限公司	港口吞吐量预测模型的数据	信息传输、软件和信息技术服务业	山东省
20	潍坊市公共交通集团有限公司	公交数据	水利、环境和公共设施管理业	山东省
21	山东高速集团有限公司	山东高速集团供应链系统数据	交通运输、仓储和邮政服务业	山东省
22	山东通汇数字科技有限公司	通汇资本对公数字支付科技平台数据监测产品	信息传输、软件和信息技术服务业	山东省
23	德州财金智慧农业科技有限公司	玻璃温室番茄生产数据集	科学研究和技术服务业	山东省
24	烟台公交集团	公交支付数据和实时公交数据	交通运输、仓储和邮政服务业	山东省
25	恒丰银行	个人信贷类数据产品	金融业	山东省
26	广东联合电子服务股份有限公司	高速公路出口入口及路网车流量数据	批发和零售业	广东省

续表

序号	企业名称	入表资产	所属行业	所属地区
27	南方财经全媒体集团	南财金融终端"资讯通"	租赁和商务服务业	广东省
28	佛山高新产业投资集团有限公司	公共停车数据	租赁和商务服务业	广东省
29	科学城(广州)信息科技集团有限公司	智慧交通"新基建"项目数据	信息传输、软件和信息技术服务业	广东省
30	深圳优钱信息技术有限公司	科创数据资产	信息传输、软件和信息技术服务业	广东省
31	深圳航天信息有限公司	未披露	信息传输、软件和信息技术服务业	广东省
32	邯郸建投华燃有限责任公司	智慧燃气	电力、热力、燃气及水生产和供应业	河北省
33	邯郸市供水有限责任公司	智慧水务	电力、热力、燃气及水生产和供应业	河北省
34	邯郸市城市投资运营集团有限公司	公共数据	金融业	河北省
35	河北交投智能科技股份有限公司	车辆分析查询数据	信息传输、软件和信息技术服务业	河北省
36	邯郸市公共交通集团有限公司	邯郸城运集团智能公交实时到离站数据资源集	水利、环境和公共设施管理业	河北省
37	河北高速公路集团有限公司	高速公路路网数据、稽核分析数据、气象数据等融合数据资源	交通运输、仓储和邮政服务业	河北省
38	成都市金牛城市建设投资经营集团有限公司	内部智慧水务监测数据以及运营数据等城市治理数据	租赁和商务服务业	四川省
39	成都数据集团	公共数据运营服务平台运行产生的数据	信息传输、软件和信息技术服务业	四川省
40	巴渝数智公司	智慧停车数据	信息传输、软件和信息技术服务业	四川省
41	德阳市民通数字科技有限公司	自有社区服务平台运营数据	信息传输、软件和信息技术服务业	四川省
42	四川兴川贷数字科技有限公司	政府采购中标数据集、融资大数据服务平台升级模块数据集、基础库及智能化服务系统数据集、宏微观指数指标库数据集	科学研究和技术服务业	四川省

续表

序号	企业名称	入表资产	所属行业	所属地区
43	四川发展（控股）有限责任公司	在公文资讯领域创新打造的"公文助手"数据产品	建筑业	四川省
44	温州市大数据运营有限公司	信贷数据宝	科学研究和技术服务业	浙江省
45	浙江五疆科技发展有限公司	化纤制造质量分析数据资产	科学研究和技术服务业	浙江省
46	国网浙江新兴科技有限公司	双碳绿色信用评价数据产品	科学研究和技术服务业	浙江省
47	浙江侠云科技有限公司	水暖阀门行业—产品生产主数据	科学研究和技术服务业	浙江省
48	泉州大数据运营服务有限公司	泉数工采通数据集	信息传输、软件和信息技术服务业	福建省
49	厦门市政空间资源投资有限公司	厦门市政智慧停车泊位查询、厦门市政智慧停车指数分析报告	水利、环境和公共设施管理业	福建省
50	莆田市数字集团	福建北斗时空数据底座乡镇船舶监管数据	信息传输、软件和信息技术服务业	福建省
51	三明市数据集团有限公司	数字城服智慧停车数据查询	信息传输、软件和信息技术服务业	福建省
52	河南数据集团	企业土地使用权数据	信息传输、软件和信息技术服务业	河南省
53	河南大河财立方数字科技有限公司	"财金先生"和"立方招采通"	科学研究和技术服务业	河南省
54	许昌市投资集团有限公司	智慧停车应用场景数据（新能源汽车交通流量和停车需求分析数据产品）	建筑业	河南省
55	湖南本土企业盛鼎科技	未披露	信息传输、软件和信息技术服务业	湖南省
56	湖南高速集团	湖南省高速出入口车流量分析数据、高速OD车流量洞察及路网运行监测与预警数据	交通运输、仓储和邮政服务业	湖南省
57	湖南财鑫集团	综合风控平台	租赁和商务服务业	湖南省
58	柳州市东科智慧城市投资开发有限公司	车联网相关数据	租赁和商务服务业	广西

续表

序号	企业名称	入表资产	所属行业	所属地区
59	数字广西集团有限公司	集约化服务综合数据	信息传输、软件和信息技术服务业	广西
60	广西数字金服科技有限公司	"金信八桂"数据产品	信息传输、软件和信息技术服务业	广西
61	北京亦庄投资控股有限公司	"双智"协同数据集	房地产业	北京市
62	北京花乡花木集团	北京花卉市场综合智能分析数据集	文化、体育和娱乐业	北京市
63	天津临港投资控股有限公司	"天津港保税区临港区域通信管线运营数据"和"临港港务集团智脑数字人"的知识产权证书	租赁和商务服务业	天津市
64	河北区供热公司	河北区2018—2023年度供热数据	建筑业	天津市
65	安徽省路兴建设项目管理有限公司	路兴建设2020—2022年道路、桥梁检测数据	租赁和商务服务业	安徽省
66	合肥市大数据公司	公共交通出行数据	信息传输、软件和信息技术服务业	安徽省
67	湖北潢川国投集团	孝感市城区泊位状态应用数据	建筑业	湖北省
68	宜昌城市发展投资集团有限公司	公交数据	建筑业	湖北省
69	贵州勘设生态环境科技有限公司	污水厂仿真AI模型运行数据集、供水厂仿真AI模型运行数据集	科学研究和技术服务业	贵州省
70	贵阳智慧城市运营发展集团有限公司	贵阳智慧停车运营数据、贵阳智慧停车场利用分析数据	租赁和商务服务业	贵州省
71	山西省绿色交易中心有限公司	"绿晋通"平台数据	科学研究和技术服务业	山西省
72	上饶高铁经济试验区资产运营管理有限公司	车路协同自动驾驶安全运行数据集	金融业	江西省
73	大连德泰控股有限公司	未披露	电力、热力、燃气及水生产和供应业	辽宁省

续表

序号	企业名称	入表资产	所属行业	所属地区
74	西宁公交集团	公共交通信息服务数据、西宁公交票务分析、OD客流分析、公交运营车辆监管	交通运输、仓储和邮政服务业	青海省

注：根据公开资料整理，相关信息截至2024年9月。

（一）入表主体属性分析

地方国企成为目前数据资产入表的推动主体。从企业类型看，目前已落地数据资产入表的企业大多为地方国有企业或其出资控股企业，占入表非上市企业总数的86%。这些企业拥有大量公共数据资源的先天优势，并积极推进数据资产入表工作。基于数据资产入表，地方国企不仅提升了自身的融资能力，还进一步推动数据资源价值挖掘，数据资产入表正成为地方国企改革转型的重要突破口和创新业务的增长点。

（二）入表数据类型分析

公共数据成为入表的主流数据类型。根据已披露的入表数据资产类型看，过半数数据资产为公共数据类型，占比达到52%，主要涉及交通数据、供水供热数据、社会治理领域数据等，这与公共数据体量大、覆盖面宽、应用性强等特点密不可分。企业推动公共数据入表的方式，一方面通过自身资产经营、平台运行获取数据信息，进而整理加工形成数据资产入表；另一方面通过国企平台组建大数据公司，对集团母公司的数据进行加工形成数据资产入表。

（三）入表行业分析

数据密集型行业在数据资产入表中走在前列。数据密集型行业是数字化转型的重要领域，按照国民经济行业分类，目前已实现数据资产入表的企业多集中在信息传输、软件和信息技术服务业，科学研究和技术服务业，租赁和商务服务业，交通运输、仓储和邮政服务业这几大行业，如图2-5所示。这些行业的运营高度依赖数据的收集、处理和分析，数据量庞大，数据技术成熟度较高，更容易实现数据资产入表。

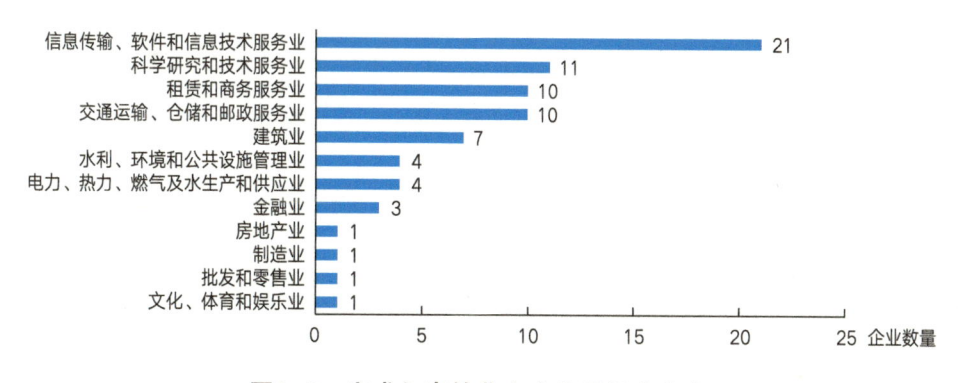

行业	企业数量
信息传输、软件和信息技术服务业	21
科学研究和技术服务业	11
租赁和商务服务业	10
交通运输、仓储和邮政服务业	10
建筑业	7
水利、环境和公共设施管理业	4
电力、热力、燃气及水生产和供应业	4
金融业	3
房地产业	1
制造业	1
批发和零售业	1
文化、体育和娱乐业	1

图2-5　完成入表的非上市公司行业分布

（四）入表区域分析

经济大省在推动数据资产入表中发挥了引领作用。江苏、山东等经济大省作为数字经济发展的先行区，通过完善的政策支持和制度保障、领先的技术和人才优势以及丰富的应用场景和市场需求，在数据资产入表方面走在全国前列。统计显示，江苏、山东两省已落地数据资产入表的案例占全国总数的三分之一左右，如图2-6所示，为其他省份提供了丰富的入表参考实践案例。

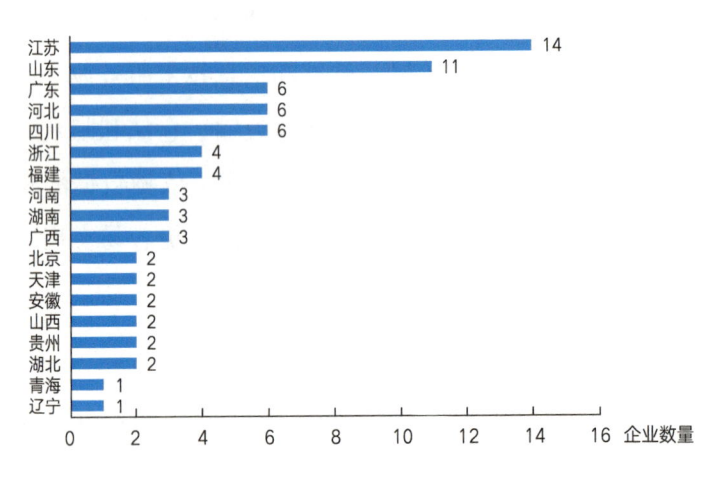

图2-6　完成入表的非上市公司区域分布

第三章

数据资产入表基础概念

一、数据资产化发展阶段

在数据密集型行业，以数据为新兴战略资源支持业务运营，正逐渐成为企业业务创新、打造竞争优势的关键。随着数字化转型的逐渐深入，企业不仅需要有效管理和利用海量数据，还需将其转化为可持续的经济价值。数据价值释放过程可分为三个阶段，数据资源化、数据资产化和数据资本化。本节内容以数据价值创造链为基础，梳理数据价值形态的演进及其实现方式，搭建以企业基本业务活动为主的数据价值开发与实现路径，如图3-1所示，为识别数据资产奠定基础。

原始数据 → 数据资源化 → **数据资源** → 数据资产化 → **数据资产** → 数据资本化 → **数据资本**

- 原始数据：尚未经过处理、分析或转换的原始数据
  - 业务数据
  - 采购数据
  - 公共数据
  - ……

- 数据资源：经过清洗整理，数据作为生产要素赋能价值创造
  - 数据分析
  - 模型训练
  - 其他应用

- 数据资产：满足资产定义，将数据资源纳入财务报表核算
  - 合规与确权
  - 具有经济利益
  - 成本可靠计量

- 数据资本：赋予数据资产金融属性，盘活数据资产价值
  - 质押融资
  - 增信贷款
  - 作价入股

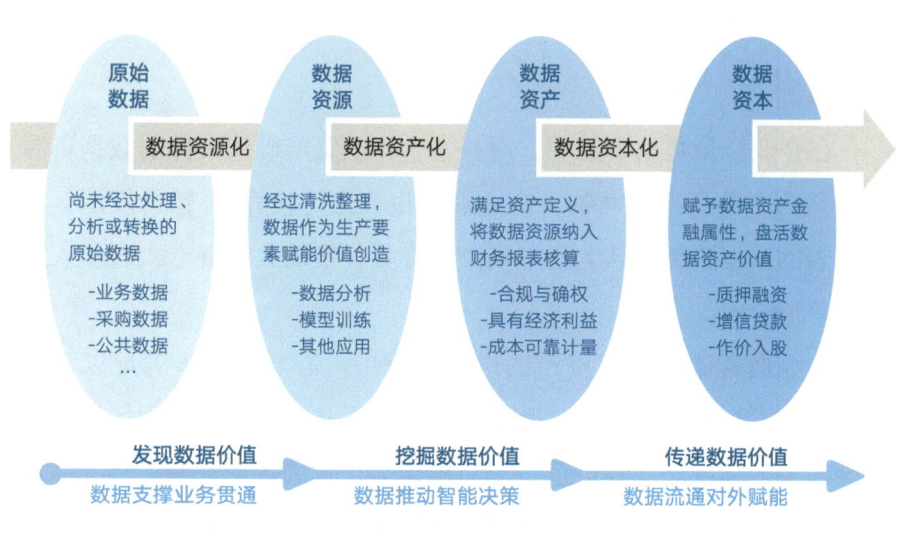

发现数据价值 → 挖掘数据价值 → 传递数据价值
数据支撑业务贯通　　数据推动智能决策　　数据流通对外赋能

图3-1　数据资产化发展三阶段

（一）原始数据到数据资源

数据资源化是指企业将直接或间接获取的原始数据进行必要的整理归集，形成可分析、可应用、可获取的数据集合的过程。随着业务数字化实施和信息系统建设，企业得以累积和沉淀大量的原始数据。在完成原始数据积累的前提下，进一步通过清洗、加工、整合和标准化等方式对不同来源的数据进行提炼，转化为具有潜在价值的数据集。数据集按照一定逻辑归集，可形成具有生产要素意义的数据资源。从加工程度上看，数据资源是数据要素的一种粗加工状态，并且具备一定的业务场景。

由原始数据向数据资源转化过程中，需要满足以下条件：①数据内容合规、真实可用；②数据来源明晰、可确权；③数据具有明确的应用场景；④企业具有可持续供给的技术能力或数据更新能力。数据资源的形成意味着企业可利用数据实现价值创造，为企业提供经济效益，可将数据资源作为数据资产化的起点。

（二）数据资源到数据资产

在企业全量数据资源中，对符合会计上资产确认条件的数据资源可确认为企业资产，并纳入企业财务报表进行核算。《暂行规定》将可入表的数据资源确认为无形资产或存货，推动数据资产入表步入实质性落地阶段。

从数据资源到数据资产的进阶过程中，需要进一步满足以下条件：①在一个核算周期内，数据资源已证实具有明确的应用场景，且不会发生大幅度功能性贬值；②对确认为存货的数据资源，具有一定规模以上的潜在交易客户；③对确认为无形资产的数据资源，其经济寿命在一年以上；④相关成本和预期价值能够可靠计量。数据资产的判定需要从全量数据资源中剔除缺乏使用场景、使用价值时间短、相关成本或收益无法可靠计量的数据。数据资产形成过程中，需要具有可追溯的可信记录作为企业数据资产估值、入表的可靠依据。

(三) 数据资产到数据资本

数据资本化是在数据资产的基础上，赋予数据资产金融属性以盘活数据资产价值的过程。在银行端，数据资本化涉及对数据资产的进一步经营和投资，企业不仅将数据资产运营视为提升服务、优化决策的工具，更是作为获取竞争优势、创新金融产品、开拓收入来源的关键要素。在非金融企业端，数据资本化主要是企业有效利用数据资产，将其转化为具有实际经济价值的资本，通过数据资产质押融资、增信贷款、作价入股等方式盘活数据资产，实现数据资产的保值、增值和流通。

从数据资产到数据资本的转化过程中，数据资产的价值变现能力是关键考量。以数据资产信贷为例，变现能力不仅直接关系到银行在面临违约事件时的资金回收速度和效率，也关系到银行信贷决策和风险控制。因此，在数据资产的基础上，可以将具有流通交易潜力的数据产品作为数据资本化标的。需要在数据资产化的基础上，进一步满足以下三个条件：①已进行数据资产的权属登记，确保数据合法合规、权属清晰及可交易；②数据价值可转移，能够实现在违约等特殊情形下的交易变现；③能够进行价值评估，为数据资本化运作提供定价基础。

二、数据资产特征

数据资产兼具有形资产和无形资产属性，不同于传统资产特征，数据资产的运营管理和入表核算均需要深入理解其特征，以准确界定数据资产会计核算和评估范畴。

（一）业务附着性

从数据的来源及应用看，数据资产的价值发挥依赖业务关系，是在业务过程中产生或者外购获得，通过分析处理以服务企业经营和管理决策。在数据资产经济利益的论证过程中，需要对数据资产进行追根溯源，还原该数据源于什么业务、用于什么业务，以此来适配不同数据资产类型的计量和评估算法。

（二）多次衍生性

不同来源的数据经过清洗加工和结构化处理后，可以灵活汇聚、融合重构，企业可以融合不同来源的数据，按照主题、业务类型等方式进行重新整理，形成数据仓、数据湖和数据中台等不同数据结构。同一数据源可以被多层次多维度加工，衍生出服务不同场景的数据产品。当同一数据主体的应用场景越多时，往往数据资产的价值越高。

（三）介质依托性

数据资产不能独立存在，需要依托介质进行存储和加工。具体来说，数据资产发挥作用需要依托有形资产，例如计算机、服务器和其他硬件设备等。因此，在数据资产成本计量中，需要考虑数据资产所依托的介质成本，以及有形资产折旧和维护等相关成本。

（四）价值易变性

价值易变性是数据资产最典型的特性，数据资产价值以时间为自变量，具有多样化的时间敏感性和价值生命周期，主要取决于具体的使用场景，该特征给数据资产价值计量带来许多不确定性。同时，由于技术发展、政策和应用场景变化等因素影响，数据资产价值也可能会产生大幅波动。需要及时掌握数据资产价值变动情况，有减值迹象时做出合理的会计处理。

三、数据资产分类

对数据资产进行分类盘点是企业推进入表的前置步骤，以构建数据资产目录、明确各类数据的价值和用途，识别出具有潜在入表可能性的数据资产。

（一）数据资产分类关注点

数据资产分类是指根据数据资产的属性或特征，按照一定原则和方法进行区分和归类，并建立起分类体系和排列顺序。实务中，数据资产类型可以从不同视角、不同标准进行多种维度的划分，需要根据企业数据资产的实际情况以及管理需求，重点关注以下三点。

分类标准明确。数据密集型企业具有海量数据资源和多样化的数据类型，为了高效管理和开发使用，建立客观、合理且稳定的分类标准尤为重要。明确分类标准有助于形成逻辑清晰的分类维度，使企业建立统一的数据语言和架构，从而提升整体数据质量和一致性。由于不同企业的业务特性和数据情况各异，分类标准也会有所不同。

分类视角统一。在企业内部，统一的分类视角能够提升数据的可用性，提高数据管理效率，实现数据资产有效整合与共享。数据资产的分类视角有业务视角、技术视角、安全视角和管理视角等，可以基于数据资产的属性或特征，匹配适用的分类视角。例如，业务视角主要基于数据资产应用场景进行划分，技术视角主要根据数据处理方式进行划分，管理视角可以依据数据来源或数据属性进行划分。由于数据资产的业务附着性，可结合技术和业务视角，依据其产生和应用方式进行分类。

不重复、不遗漏。数据资产分类应保障可容纳全量数据资产，同一分类标准下，可以将所有类型的数据资产包含在内，尽可能做到不遗漏、不重复，且各类数据资产之间可清晰区分。

（二）按生产和应用方式分类

数据在生产、加工、流通和使用过程中将经历不同形态的演变，依据产生和应用方式，可划分为基础类数据资产、集成类数据资产、萃取类数据资产、应用类数据资产等类别。

基础类数据资产是指企业直接采集或采购的数据以及业务经营管理中产生的数据，例如系统组件中存储的贴源数据集、数据表等业务数据。

集成类数据资产是指企业把不同来源、格式、特征的基础数据在集成环境中进行整合，形成企业级单一视图数据，例如数据仓库整合的数据等。

萃取类数据资产是指企业面向业务对象，匹配业务需求，将基础类数据、集成类数据进行抽象、分类、提炼、加工而产生的具备同一粒度且更加适用业务场景的数据，如指标集、客户画像等。

应用类数据资产是指企业为满足最终业务应用场景，通过对基础数据、集成数据和萃取数据进行组织、封装和再加工等方式，形成的数据驱动应用和服务，如报表、数据产品等。

（三）按数据来源分类

企业对数据资源进行资产化确认，需要重点关注数据来源合法合规问题。当企业享有数据资源的持有权或控制权才可对数据资源进行资产化确认，因此需要对各数据来源渠道进行评估分析，保留审查记录，确保数据来源可溯。从来源上划分，数据资产可分为以下三种类型。

一是企业日常经营过程中产生的数据，如客户数据、交易信息等基础数据，以及为了业务及管理需要进行加工分析生成的财务指标、客户标签、经营报表等数据。

二是外部采购的数据，如企业采购的征信数据、核验数据、账号类信息服务等，通过调用数据API接口的方式提供查询或者验证服务。

三是通过共享开放和授权获取的数据，如经济数据、产业数据、以及通过信息技术从公开渠道收集的数据。

数据资产的分类不是一成不变的，随着业务的发展和数据应用的变化，需要遵循数据资产分类原则，对分类体系进行调整和优化。

四、数据资产入表原则

《暂行规定》明确了数据资产入表适用于现行企业会计准则，不改变会计确认计量要求。因此，数据资产入表需要按照《中华人民共和国会计法》《企业会计准则——基本准则》等会计规范体系，对数据资产进行确认、计量和报告。目前，尚未在实践中形成明确路径，需要审慎论证和稳妥推进，在遵循基本会计原则的基础之上，通过试点先行，打通数据资产入表全流程，畅通数据资产入表路径。

（一）依法依规，稳妥审慎

数据资产入表须严格遵循数据法律法规和现行会计准则的相关要求，同时符合监管机构和行业组织对数据收集、存储、加工和应用等方面的合规性要求，确保数据资产全生命周期中的安全合规。企业需秉持稳妥审慎的入表原则，根据自身的数据治理、业务需求情况，采取分阶段、循序渐进的方式开展数据资产入表工作。依据数据资产判定条件进行严格论证，对所涉及的数据资源进行全面评估，保障数据资产的真实性、可靠性和合规性。

（二）聚焦务实，试点先行

数据资产入表是一项企业级工程，需要多部门协同完成，包括数据部门、财务部门、科技部门和相关业务部门等。为畅通数据资产入表全流程，试点先行是务实高效的策略，通过试点明确不同部门的协同关系和职责划分，形成可推广复制的模式和经验，为常态化入表奠定基础。

企业可以通过梳理和盘点形成数据资源目录，从高质量和高价值密度数据入手，选取具有潜在入表可能性的数据资源进行全流程打通。依托应用场景验证数据资产经济利益流入和成本可靠计量，解决入表过程中数据资产判定、计量和披露等重点问题。在整个过程中，保持与内外部审计和监管机构的有效沟通，确保入表工作准确反映数据相关业务和经济实质，满足会计准则和监管要求。

（三）加强创新，迭代优化

企业面临海量动态实时数据处理，使得传统固定模板无法适应快速变化的数据要素需求，需要在实践中建立持续评估和反馈机制，秉持创新理念，不断优化入表流程和方法，加强数据资产入表工作的灵活性和时效性。结合企业数据资产治理效果、应用场景及相关事项，加强数据资产会计处理和信息披露工作。

数据资产入表要取得经济实效，需要置于数据资产开发应用的生态系统中统筹推动。一方面，发挥数据资产入表的牵引作用，通过数据资产投入成本与经济价值的显性计量，提高数据价值认可度和数据资源配置效率，激发数据资产应用动力。另一方面，持续优化入表流程机制，推动数据资产入表做实做优，以系统思维构筑更加有利于数据资产治理、开发、应用、登记、评估、交易的良好生态，充分盘活数据资产价值，发挥数据要素乘数效应。

第四章
数据资产入表方法论

一、数据资产入表理论基础

目前对于数据资产入表的研究，主要基于国际会计准则理事会（IASB）在2018年颁布的最新版《财务报告概念框架》（以下简称IASB新框架）和我国的《企业会计准则——基本准则》。财务报告概念框架被称为"准则的准则"，其对会计理论研究及国家间会计趋同具有重要意义。IASB强调，框架为准则的制定提供了原则上的指导，准则中未进行规定的事项可以参考框架进行处理，如果实务中存在冲突，应该参照准则要求。因此，此处主要基于IASB新框架，并结合我国会计准则，对框架理论和准则要求进行阐述和分析。

（一）以IASB新框架为基础

"不确定性"的修订为数据资产入表提供可能。IASB规定，财务报告的目标为"提供有助于使用者做出关于向主体提供资源决策的财务信息"。对于有用的财务信息，规定基本质量特征为相关性和真实性，即有用财务信息必须具有相关性且如实反映其意图内容。以前的财务报告概念框架等文件强调减少财务信息中的不确定性，但是随着经济环境中不确定性日益增加，IASB新框架根据真实性要求，将不确定性纳入会计核算与披露，肯定了计量不确定性也可如实反映价值。当对不确定性进行充分审视后，选择合适的计量方式，且不确定性被清晰、准确地描述和解释后，即使计量存在不确定性，也能保证信息的有用性。

"不确定性"与资产定义融合奠定数据资产确认基础。IASB定义"资产是企业因过去的交易或事项而控制的资源，这种资源可以为企业带来未来的经济利益"，不再提及预期经济利益流向。同时在资产确认标准中，删除了对"经济利益很可能流入企业"和"成本可以被可靠计量"的表述。这种改变与"如实反映"和"不确定性"保持内在一致，也将不满足原定义要求而被排除在外的资产用新的定义囊括进来，为数据资产确认为资产科目和纳入会计报表进行核算奠定了基础。IASB进一步强调，这并不是为了扩大或缩小需确认的资产和负债的范围，而是向各准则提供原则导向，避免形成理解差异，统一"不确定性"解释。

"真实性"和"不确定性"对数据资产信息披露提出更高要求。2023年3月，IASB宣布完成旨在改进国际财务报告会计准则披露要求制定方法的项目，并发布了制定国际会计准则披露要求的指引以及项目总结和反馈意见公告。由于数据资产具有不确定性和价值易变性，基于会计谨慎性原则，势必对数据资产信息披露提出更高要求。在总体披露目标要求方面，主体应当披露单个准则项目产生的不确定性信息，包括重要性、计量中的不确定性和变更影响等。在具体披露要求方面，主体根据报表使用者的信息需求充分判断重要性信息，对准则项目的组成、所使用估计和假设发生变化的原因进行详细说明。在披露信息项目方面，其包含使用规定性语言的强制性披露和使用弱规定性语言的非强制性披露。

（二）以企业会计准则为基础

企业会计准则是数据资产范畴界定的依据。我国基本会计准则统驭具体会计准则的制定，为会计实务中的具体准则、尚未规范的新问题提供会计处理依据。基本准则规范了包括财务报告、会计基本假设、会计信息质量要求、会计要素的定义及确认、计量原则等在内的基本问题，确保各项具体准则的内在一致性。数据资产纳入财务报表进行会计处理，概念界定、统计口径等都需要以基本准则为基础。2023年8月，财政部发布的《暂行规定》将"不满足企业会计准则相关资产确认条件而未确认为资产的数据资源"也纳入数据资产的范畴，参照无形资产和存货进行确认、计量和披露。

企业会计准则为数据资产计量与披露提供指引。基本准则中对资产的计量，有历史成本法、重置成本法、可变现净值法和公允价值法等，实践中通常采用历史成本法，其他方法在保证可靠计量的情况下可以使用。当相关资产或者负债不存在活跃市场时，需要采用估值技术确定价值。将数据资产采用历史成本法计量，符合会计谨慎性原则，但仅能反映数据资产的投入成本，而忽略了数据赋能业务产生的增量收益，使数据资产价值严重偏离经济价值。因此，数据资产价值评估和披露仍需要在基本准则的指引下，开展进一步探索。

企业会计准则与国际财务报表框架趋同，驱动数据资产入表创新探索。我国以IASB原概念框架为参考构建了《企业会计准则——基本准则》，并一直积极推进与国际财务报表框架趋同。概念框架修订具有重要的指导意义，其对资产的重新定义表明，即使数据资产存在不确定性，但其真实性以及与企业经营的高度相关性使数据资产入表具有现实意义。《暂行规定》创新突破了国际上关于数据资产会计核算惯例，为数据资产入表提供了基本路径，但是仍需要依托实践解决入表过程中面临的现实难题。

二、数据资产入表方法的研究进展

数字经济的演变和发展从根本上推动着商业模式变革，同时对以工业经济为基础的国民经济核算和会计核算体系提出了新的挑战。财政部在《暂行规定》答记者问时提出，持续加强数据资源相关会计问题研究，跟踪国际会计领域对数据资源的研究进展，以我国数字经济发展实践为基础加强会计理论前瞻性研究。总结现有关于数据资产入表方式的研究，主要分为以下四种。

（一）确认为"无形资产"科目核算

无形资产是没有实物形态的可辨认非货币性资产，源自合同性权利或其他法定权利，可以从企业单独划分出来或者与相关资产合并以出售、转移、授予许可、租赁或交换。对于能够单独划分的数据资产，能够直接或间接为企业创造价值，该部分数据资产具有无形资产属性，在符合《企业会计准则第6号——无形资产》规定的定义和确认条件时，可以确认为无形资产，列入无形资产二级科目进行会计处理。《暂行规定》中将企业内部使用的数据资源、对外交易的数据资源主要参照无形资产和存货进行会计确认、计量和报告，体现为对数据资产投入成本的会计处理。

（二）确认为"存货"科目核算

企业对于符合存货定义和确认条件的数据资源确认为存货，并按照相关成本进行初始计量。在分类上，可按来源划分为外购方式取得和自行加工取得两种。对于通过外购方式取得的确认为存货的数据资源，根据业务和市场需求做进一步加工处理，或者通过自行合法采集和加工形成相关的数据资产，其成本包括采购成本以及数据的采集、脱敏、清洗、标注、整合、分析、可视化等成本，以及使存货达到目前场所和状态所发生的其他支出。在资产负债表日，企业需要对数据资源存货按照成本与可变现净值孰低进行计量。当存货成本高于其可变现净值时，则需要根据两者差额计提存货跌价准备，计入当期损益。

（三）新设"数据资产"科目核算

鉴于数据资产的特殊属性，即使对无形资产或存货的概念进行扩充，以无形资产的确认和计量规定仍无法满足数据资产的入表要求。吕玉芹等（2003）、张俊瑞等（2023）支持单独设置"数据资产"科目。按照来源划分为自行开发数据资产、外购数据资产和其他方式取得的数据资产，对于企业内部运营产生的数据资产，可通过"自行开发数据资产"进行确认；对于购买获取的数据资产，拥有明确交易方和支付对价，可通过"外购数据资产"进行确认；对于因网络便捷而获取的，且不符合前两项数据资产定义的，可通过"其他方式取得的数据资产"进行确认。

自行开发和其他数据资产参照无形资产的计量方式进行会计核算。企业内部经营活动中产生的数据资产，既不存在活跃的数据交易市场，也难以在市场中取得类似产品的市场价格，不符合公允价值计量条件，基于会计信息可靠性的考虑，采用历史成本法计量更为合适。需要注意的是，并非所有内部经营活动产生的数据均满足资产确认条件，数据资产按照价值链划分阶段确认，在数据生成和归集初始阶段，所发生的各项成本支出应当费用化，在数据分析和应用阶段，数据很有可能产生经济利益流入，所发生的人力成本、设备成本分摊等相关成本可进行资本化计量。

外购数据资产按照公允价值进行确认和后续计量。随着数据资产更紧密、更全面地与业务融合，不仅不会被消耗减值，而且会随着业务和市场发展持续增加。采用公允价值进行确认和后续计量，更能反映数据资产的增值特性，真实反映交易本质。但是公允价值计量需要成熟的交易市场和可靠的交易价格，或者能保证可靠性的估值方式，相比于历史成本计量实施起来更为困难。

（四）开创性构建"数据资产表"

由于数据资产价值更多地体现在赋能业务产生的经济效益，将数据资产参照无形资产或存货的方式，基于成本进行入表核算，会使数据资产价值偏离经济价值，不能充分激发数据要素价值的呈现和发挥。且数据资产价值受数据规模、应用技术、数据风险等多维因素影响，仅通过现有财务报表提供的信息难以全面展现企业的数字经济活动，从而影响报表使用者对企业数据要素的评估。因此，部分机构开展了基于传统报表之外的"第四张表"的探索。

德勤提出"第四张表"的概念框架。2016年德勤联合多家专业机构研究企业价值管理体系，以非财务数据为核心，从用户、产品、渠道和财务四个视角论证数据资产价值。2021年，进一步发布《第四张报表——银行价值管理白皮书》，基于"第四张表"价值管理体系，从业务维度出发对各大银行年报进行分析，以证明"第四张表"的构建价值。也有学者建议在已有的财务报告信息披露中引入"第四张表"，并在其基础上纳入数据资源的规模、累计年数、数据潜力、数据规范性等要素。

恒丰银行开创性构建与数据资产估值体系相承接的数据资产表。针对"第四张表"的设计不能实现数据资产价值计量需求的现实问题，2023年恒丰银行发布《商业银行数据资产估值研究与入表探索白皮书》，将数据资产入表方式与数据资产估值体系相承接，按照投入价值栏、业务价值栏和交易价值栏构建数据资产表。将成本法评估的投入价值纳入"投入价值栏"进行计量和披露，反映企业对数据资产的投入积淀。考虑到数据资产的成本费用支出对传统报表的切实影响，将数据资产的投入成本同步联动传统财务报表进行会计处理。将收益法评估的业务价值纳入"业务价值栏"进行计量和披露，反映数据资产赋能业务产生的价值，基于会计谨慎性原则，切割数据资产业务价值与传统财务报表的关联。随着数据要素市场的完善，数据资产市场价格能够公允获得时，可进一步在交易价值栏中反映数据资产的外部交易价值。

关于数据资产会计核算相关研究为数据资产入表实践提供了理论支撑，数据资产会计处理方式需要根据实务需求不断创新发展，企业应持续关注相关法规更新和市场实践变化，确保数据资源的会计处理既能符合规定要求，又能反映业务和经济实质，发挥会计在服务数据资源业务和数字经济发展方面的基础性作用。

三、《暂行规定》深度解读

《暂行规定》从制度上明确了数据资产的会计处理方式，强调了数据资产信息披露要求，这对于数据资产化发展具有里程碑意义。其中，关于数据资产的会计处理主要参照无形资产和存货进行会计确认、计量和报告，并创新性地提出"强制披露+自愿披露"相结合的方式，以规范和引导企业加强数据资产相关信息的披露。

（一）适用范围

《暂行规定》指出，其适用于按照企业会计准则相关规定确认无形资产或存货等资产类别的数据资源，以及企业合法拥有或控制的、预期会给企业带来经济利益的，但由于不满足企业会计准则相关资产确认条件而未确认为资产的数据资源的相关会计处理。

具体来看，可分为两种类型：一是按照会计准则规定确认为资产的数据资源；二是按照会计准则规定尚不能确认为资产的数据资源，但要满足由企业合法拥有或控制、预期会给企业带来经济利益的条件。会计上的资产定义和确认条件是会计准则的一贯规定，印发实施《暂行规定》并没有放宽准则关于资产定义和确认条件的有关要求。同时，基于会计信息的可靠性、谨慎性等质量要求，企业在进行数据资产会计处理时不应高估资产或者收益，低估负债或者费用。对于企业所持有或运用的数据资源，从会计准则的角度可以分为三个部分，如图4-1所示。

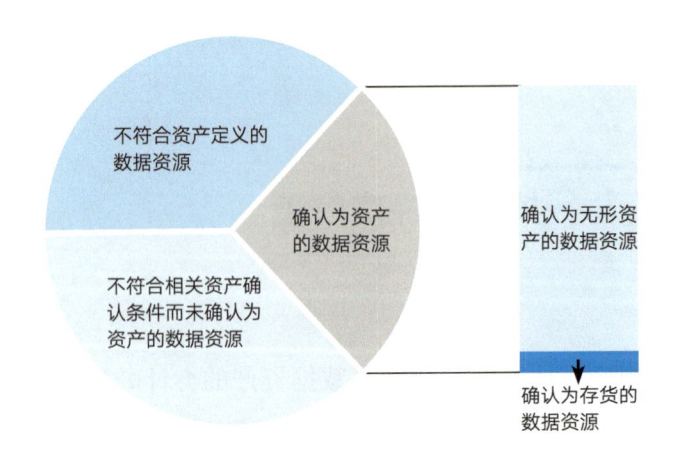

图4-1 数据资源按会计角度的分类

由于不符合资产定义，无法确认为资产的数据资源。《企业会计准则——基本准则》第二十条规定，资产是指企业过去的交易或者事项形成的、由企业拥有或者控制的、预期会给企业带来经济利益的资源。当企业数据资源不具备以上任一条件，就无法在会计处理上被确认为资产。例如，数据资源必须由企业拥有或控制，确保数据在合规与权属方面不存在问题。如果企业原始数据来源不合规，可能涉及违反相关法律法规，则企业对相关数据的拥有或控制不具备合法性，就无法确认为资产。

虽然符合资产定义，但不符合资产确认条件，无法确认为资产的数据资源。即不能同时满足企业会计准则中"与该资源有关的经济利益很可能流入企业，以及该资源的成本或者价值能够可靠计量"的资产确认条件。例如，部分数据资源虽然符合资产定义，但缺乏实际应用场景，无法实现经济利益流入，还有部分数据资源仅用于辅助内部管理运营，实现经济效益的方式比较间接，难以具体量化。再如，由于数据治理基础薄弱，部分企业数据资源相关的存储和加工成本归集存在困难。这些情况都会导致数据资源不满足资产确认条件，无法确认为资产。

符合企业会计准则资产定义和确认条件，可确认为数据资产的数据资源。对于符合企业会计准则中的资产定义，同时与该资源有关的经济利益很可能流入企业、该资源的成本或价值能够可靠计量，这类数据资源在会计处理上可以确认为资产。根据不同经济利益实现方式和业务模式，《暂行规定》将入表的数据资源进一步区分为"确认为无形资产的数据资源"和"确认为存货的数据资源"两类，分别适用于《企业会计准则第6号——无形资产》和《企业会计准则第1号——存货》的相关规定。根据本书第二章对于上市公司数据资产入表的梳理情况来看，目前绝大多数上市公司将入表的数据资源确认为无形资产类别，确认为存货的数据资源占比较小。随着时间推移和各方面条件的变化，当这些入表的数据资源不再符合资产的定义和确认条件时，则不能再确认为企业的资产。

（二）数据资源无形资产的会计处理

对于符合企业会计准则中无形资产定义和确认条件的数据资源，企业应当确认为无形资产，并按照无形资产准则、《〈企业会计准则第6号——无形资产〉应用指南》的相关规定，对数据资源进行初始计量、后续计量、处置和报废等相关会计处理。

1. 初始计量

通过外购方式取得的数据资源无形资产，需要全面考虑与获取数据资源相关的成本。这些成本主要包括购买价款、相关税费、直接归属于使其达到预定用途的加工过程所发生的有关支出（如数据脱敏、清洗、标注、整合、分析、可视化等加工过程）、其他支出（如数据权属鉴证、质量评估、登记结算、安全管理等）。值得注意的是，如果企业通过外购方式获取的是数据采集、脱敏、清洗、标注、整合、分析、可视化等服务，而这些服务支出不符合会计准则规定的无形资产定义和确认条件，应当根据用途计入当期损益。

对于自行开发方式取得的数据资源无形资产，初始计量需要区分研究阶段支出与开发阶段支出。研究阶段是对数据资源的探索性研究和初步设计，具有较大的不确定性和风险，因此研究阶段支出应当于发生时计入当期损益。当数据资源的开发进入实质性阶段，且同时满足《企业会计准则第6号——无形资产》第九条规定的资本化条件时，开发阶段的支出才能确认为无形资产的成本。开发阶段涉及的成本主要包括人力资源成本、数据采集/采购成本、数据许可成本、数据维护成本、硬件设备成本、软件工具成本、数据存储成本、数据安全和合规费用、登记及专业顾问和审计费用、其他数据资源的摊销、其他直接费用。

需要注意的是，对于开发阶段但是不符合资本化条件的支出，应当费用化处理，不能确认为资产成本。企业不应当出于增加数据资源无形资产规模的考虑，将不符合资本化条件的开发阶段支出计入数据资源无形资产成本，同时，也不应当不加判断，将开发阶段的所有支出都进行费用化处理。需要严格按照无形资产准则规定的资本化条件，综合考虑各方面因素，做出相应的会计处理，才能正确地反映数据资源无形资产的形成情况。

2. 后续计量

企业需要估计数据资源无形资产的使用寿命，并选择恰当的摊销方式进行摊销。企业在对数据资源无形资产的使用寿命进行估计时，应当考虑无形资产准则应用指南规定的因素，并重点关注数据资源相关业务模式、权利限制、更新频率和时效性、有关产品或技术迭代等。对于使用寿命有限的数据资源无形资产，企业应当根据其使用寿命，选择适当的摊销方法进行摊销，摊销方法需要反映与该数据资源无形资产有关经济利益的预期消耗方式。企业利用数据资源无形资产对客户提供服务的，摊销金额一般计入当期损益或相关资产成本，同时，企业根据《企业会计准则第14号——收入》等规定确认相关收入，符合有关条件的应当确认合同履约成本。

在每个资产负债表日，企业需要评估数据资源无形资产是否存在减值迹象。如果存在确凿的证据表明数据资源无形资产可能发生减值，应当进行减值测试，以估计数据资源无形资产的可回收金额。对于使用寿命不确定的数据资源无形资产，无论是否存在减值迹象，每年都需要进行减值测试。如果数据资源无形资产的账面价值高于其可回收金额，企业应计提相应的减值准备，以将数据资源无形资产的账面价值调整至其可回收金额。

（三）数据资源存货的会计处理

对于确认为存货的数据资源，企业应当按照《〈企业会计准则第1号——存货〉应用指南》规定，对数据资源进行初始计量、后续计量、处置和报废等相关会计处理。

1. 初始计量

数据资源存货的初始计量需要重点关注成本确定问题。对于企业通过外购方式取得的数据资源存货，采购成本应包括购买价款（企业支付给数据资源提供方的直接费用）、相关税费、保险税费以及为了数据权属鉴证、质量评估、登记结算（如数据交易平台的注册费、交易手续费等）、安全管理等所发生的其他可归属于存货采购成本的费用。对于企业通过数据加工取得的数据资源存货，其成本包括采购成本以及数据的采集、脱敏、清洗、标注、整合、分析、可视化等加工层面成本，以及使存货达到目前场所和状态所发生的其他支出。

2. 后续计量

在资产负债表日，企业需要确定数据资源存货的可变现净值，并按照成本与可变现净值孰低计量。数据资源存货成本高于其可变现净值的，应当计提存货跌价准备，计入当期损益，从而确保存货价值真实反映其在现行市场条件下的实际变现能力。

企业出售数据资源存货时，需要及时确认收入。按照《企业会计准则第1号——存货》将其成本结转为当期损益，根据《企业会计准则第14号——收入》确认相关收入，从而真实反映企业对数据资源存货的经营情况。

（四）列报和披露要求

为全面反映企业数据资源定量和定性信息，帮助报表使用者更好地了解企业数据资源有关情况，《暂行规定》根据财务报表列报准则和《2019年度一般企业财务报表格式通知》报表格式文件，细化了数据资源列示和披露要求。

在数据资产列示方面，企业需要根据重要性原则，在"存货"项目下增设"其中：数据资源"项目，反映资产负债表日确认为存货的数据资源的期末账面价值；在"无形资产"项目下增设"其中：数据资源"项目，反映资产负债表日确认为无形资产的数据资源的期末账面价值；在"开发支出"项目下增设"其中：数据资源"项目，反映资产负债表日正在进行数据资源研究开发项目满足资本化条件的支出金额。

在数据资产披露方面，《暂行规定》创新性采取"强制披露+自愿披露"方式。一方面细化会计准则要求披露的信息，另一方面鼓励引导企业持续加强自愿披露，通过定量定性信息相结合、文字数字描述相结合披露有关信息，与报表列示项目相互参照，帮助报表使用者更好地了解数据资源。

《暂行规定》以表格形式列出了数据资源确认为无形资产和存货的披露内容。对于数据资源无形资产的披露要求，横向上，企业需要按照外购的数据资源无形资产、自行开发的数据资源无形资产、其他方式取得的数据资源无形资产类别对相关会计信息分别披露，企业也可根据实际需要对以上类别进行拆分，这有助于报表使用者了解数据资源无形资产的形成方式。纵向上，企业需要披露不同类别数据资源无形资产从期初到期末的金额增减情况以及摊销减值等信息，这有助于财务报表使用者了解企业数据资源无形资产的增减变动情况。对于数据资源存货的披露要求，横向上，企业应当按照外购的数据资源存货、自行加工的数据资源存货等类别披露，并可在此基础上根据实际情况对类别进行拆分。纵向上，同样覆盖了各类别的数据资源存货自期初至期末期间的金额增减变动情况。

同时，《暂行规定》提出了其他披露要求。企业对数据资源进行评估且评估结果对企业财务报表具有重要影响的，应当披露评估依据的信息来源，评估结论成立的假设前提和限制条件，评估方法的选择，各重要参数的来源、分析、比较与测算过程等信息。根据2023年9月中国资产评估协会发布的《数据资产评估指导意见》，企业进行数据资产评估时，应全面识别被评估数据资产的基本情况、特征、数据产权、数据质量和具体应用场景等价值影响因素，根据评估目的、资料收集等情况，选择适用的评估方法，包括收益法、成本法和市场法三种基本方法及其衍生方法，最终确定数据资产价值。如果对同一数据资产采用多种评估方法时，应当对获得的不同测算结果进行分析，说明不同评估方法对评估结果的影响，以及最终确定评估结果的理由。

（五）实务注意事项

《暂行规定》不涉及会计政策变更，企业需按照现行会计准则做好前后衔接。《暂行规定》是在现行企业会计准则体系下的细化规范，在会计确认、计量方面与现行的无形资产、存货等相关准则一致，不属于会计政策变更。企业应当严格按照企业会计准则和《暂行规定》的有关要求，结合企业和数据资产的实际情况，选择合适的会计科目进行核算，不得随意变更会计政策，以确保数据资产入表操作的兼容性和稳健性。

《暂行规定》对数据资产信息披露采取"表内+表外"和"强制+

自愿"相结合的模式。在表内，企业通过在无形资产、开发支出和存货一级科目下增设"其中：数据资源"二级科目，展示数据资产的规模与结构。在表外，《暂行规定》兼顾信息需求、成本、效益和商业秘密保护等需要，创新性采取"强制+自愿"相结合的方式，鼓励、引导企业持续加强数据资源相关信息在附注中的披露。对财务报表有重要影响的数据资产信息，企业需要强制披露；对于其他信息，企业可自愿披露，在提升财务报告决策有用性的同时，推动企业加强数据治理和应用。

《暂行规定》采用未来适用法，无须追溯调整。根据《暂行规定》附则，企业应当采用未来适用法，已经费用化计入损益的数据资源相关支出不再调整，不需要将前期已经费用化的数据资源重新资本化计量。《暂行规定》对于数据资源的会计处理规定，仅适用于2024年1月1日后发生的交易或事项，对变更日前的交易或事项不进行追溯调整，这既简化了会计处理流程，也避免了追溯调整可能导致的会计信息混乱，有利于保持财务报表的历史可比性。

四、数据资产入表挑战

将数据资产纳入财务报表进行核算和管理是当前会计领域的新探索，尽管《暂行规定》对于数据资产入表的范围、计量、列报及披露等相关内容进行了界定，但实务中推进数据资产入表仍面临一系列困难与挑战，需要企业依托实践进行探索解决，同时也需要政策法规的配套支持。

（一）数据资产范畴不明晰

由于数据资源类型多、形式多样，导致数据资产"识别难"。数据资产是指被企业拥有或控制、能够为企业带来经济利益的数据资源，既包括原始数据，也包括经过加工、分析的数据产品。在实务中，数据资产的界定往往缺乏清晰标准，这导致企业在识别和分类数据资产时存在困难。以数据产品研发为例，数据产品可认为是满足用户需求的，经过一定程度的数据清洗和数据脱敏等技术处理的，大量结构化、半结构化和非结构化数据集或数据分析结果。有学者将与数据相关的产品或服务均定义为数据资产，但这类定义容易与其他数字化转型相关的服务或产品相混淆，因此难以清晰界定数据资产的边界。

不同企业对数据资产的界定和分类也不一致，不能清晰界定数据作为资产的核心内容，不易区分含有数据内容的资产和基于数据而产生的资产。例如，应用类数据资产与系统软件同属于无形资产，且在开发过程中共享的技术基础、开发流程均具有数据依赖性，使得两者界限模糊，区分数据资产和系统软件需要从功能目的、收益模式和资产化潜力等多个角度进行综合考量。

（二）数据合规与确权复杂

确保数据资产合法合规是入表前提，直接关系到企业的法律责任与声誉管理。一方面，合规性要确保企业在数据管理过程中建立必要的透明度，能够有效界定数据的来源、使用权限及处理方式。当企业缺乏有效的管理和治理机制时，会直接导致数据的采集、存储、使用和共享过程中缺乏可追溯性，不仅给合规审查带来了困难，也加大了数据泄露风险。另一方面，对于银行等金融服务机构，汇集了大量客户的敏感信息，如个人身份、账户余额及交易记录等，任何数据泄露都可能导致客户隐私受到侵犯。随着监管机构对数据保护要求日益严格，企业必须遵循相关法律法规以避免因违规而面临巨额罚款和法律责任。企业需构建全面的数据治理框架，从数据的全生命周期进行系统性管理，加强数据合规审查与评估，夯实数据资产入表基础。

在数据权属方面，按照一般法律逻辑，数据资产得到保护的前提是数据资产存在法律上的权利基础，即数据资产拥有合法地位。数据的加工使用和流通交易过程往往涉及数据产生方、数据采集方、数据处理方和数据使用方等多方参与，各参与方可能对同一份数据同时享有权利，传统的法律体系不完全适用于数据产权，从而导致数据资产的确权难题。

随着国家政策指向逐渐明确，尤其是"数据二十条"出台后，数据确权势在必行，其意义不限于"止争"，更重要的是推动数据安全有序流通和再开发利用。然而，"三权分置"权属体系仍需在实践中细化和落实。一是在数据资源持有权上，不同主体之间关于数据所有权争议频繁，尤其在涉及多方合作时，如何合理划分数据归属、明确权利关系，成为亟待解决的问题。二是在数据加工使用权上，数据的管理和转让缺乏清晰规则，这可能导致数据使用者在合法合规的框架内无法充分挖掘数据潜力。三是在数据产品的经营权上，当前数据收益的分享机制不够透明，导致数据提供者无法获取与其贡献相匹配的利益。

（三）数据资产成本归集难

成本可靠计量是数据资产入表的核心判定条件之一。在直接成本归集上，由于数据资产生命周期管理复杂，且在不同阶段涉及不同的成本结构，使得数据资产成本归集面临挑战。在间接成本分摊上，数据资产的生成过程涉及数据收集、清洗、分析和存储等多环节，所产生的间接成本难以直接归属于具体的数据产品或服务，尚无分摊机制以准确反映每个环节的真实成本。同时，企业在内部使用数据资源或对外提供服务的过程中，存在重复加工和调用数据的情形，服务不同业务的数据资源在使用方式、利用频次、价值发挥等方面存在差异，直接增加了间接成本的分摊难度。

在资本化阶段与费用化阶段划分上，根据《暂行规定》要求，企业内部数据资产研究开发项目的支出，应当区分研究阶段支出与开发阶段支出。研究阶段的支出应在发生时计入当期损益，开发阶段的支出满足资本化条件时确认为无形资产，数据资产长链条的加工处理过程有时使得两阶段难以区分。在判断支出性质时，企业需对未来收益潜力进行评估，带有主观性的评估会导致企业之间会计处理方式的差异。

（四）数据资产收益论证难

数据资产化要求企业明确带来经济利益的数据形态，并能够判断经济利益流入的可能性。尽管数据本身蕴藏着潜在价值，但在实务中进行收益论证并非易事。数据资产的价值往往非直接可见，尤其是服务企业内部运营的数据资产，其价值很大程度上取决于企业如何利用这些数据来提升运营效率、优化决策或创造业务收入。例如，企业通过分析数据获得趋势洞察、预测客户行为和创新服务产品等，能够带来竞争优势。但这些收益通常在短期内难以量化，当数据使用涉及多种业务场景时，更增加了收益论证的复杂性。

数据资产经济效益评估在会计计量中有重要作用，影响数据资产的识别、计量、报告和决策过程。例如发生数据资产减值，需要根据减值测试进行会计调整，以反映真实财务状况。然而数据资产具有时变性特征，具有多样化的时间敏感性和价值生命周期，给数据资产价值计量带来众多不确定性。加拿大统计局认为"数据是否被视为资产取决于数据在使用过程中能否持续一年以上"，这要求为数据资产设计出更为稳定地计量经济利益流入的价值机制，稳定经营、持续收益的数据资源较为符合数据资产的判定条件。

第五章
数据资产入表实践解析

一、实践路径与执行架构

（一）数据资产入表实践路径

为审慎论证和稳妥推进数据资产入表工作，恒丰银行围绕数据资产核心判定条件展开论证，以典型数据产品为切入口，打通数据资产入表全流程，构建了数据资产"识别界定—盘点治理—合规确权—收益论证—成本计量—列报披露"的"数资六步"入表实施路径，如图5-1所示。形成了一套可复制推广的入表解决方案，为常态化数据资产入表奠定基础。

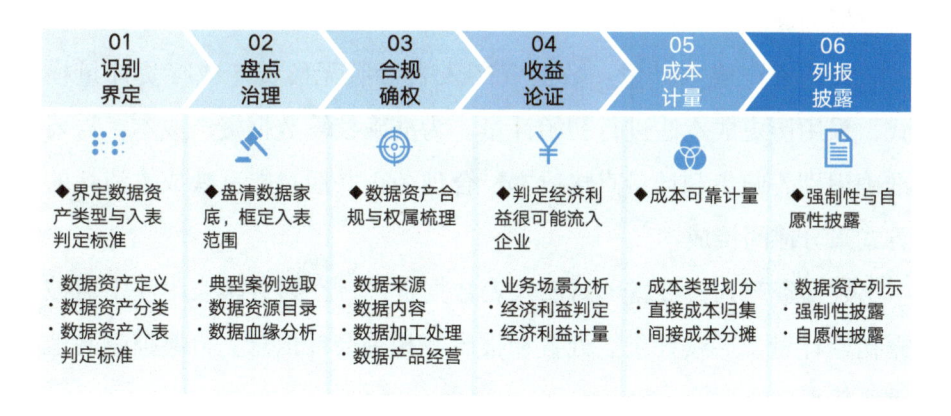

01 识别界定	02 盘点治理	03 合规确权	04 收益论证	05 成本计量	06 列报披露
◆界定数据资产类型与入表判定标准	◆盘清数据家底，框定入表范围	◆数据资产合规与权属梳理	◆判定经济利益很可能流入企业	◆成本可靠计量	◆强制性与自愿性披露
·数据资产定义 ·数据资产分类 ·数据资产入表判定标准	·典型案例选取 ·数据资源目录 ·数据血缘分析	·数据来源 ·数据内容 ·数据加工处理 ·数据产品经营	·业务场景分析 ·经济利益判定 ·经济利益计量	·成本类型划分 ·直接成本归集 ·间接成本分摊	·数据资产列示 ·强制性披露 ·自愿性披露

图5-1 "数资六步"入表实施路径

数据资产识别界定。企业数据资源类型众多，需要将满足资本化条件的数据资源确认为资产，纳入财务报表进行核算，并根据数据资产的生产和应用方式划分为基础类数据资产、集成类数据资产、萃取类数据资产、应用类数据资产，确保数据资产会计核算分类与数据服务运营分类视角的统一。

数据资产盘点治理。按照"业务优先、价值优先、权属明晰、先易后难"的原则，对数据资源进行盘点梳理，筛选出具有潜在入表可能性的数据资产，形成血缘图谱，框定入表核算范围。

数据资产合规确权。从企业与数据资产的基本信息、法律合规、安全合规方面形成合规确权检查清单，包括三大维度、7项一级指标、38项检查点，以明确数据授权链路和权限限制，确保数据安全合规。

数据资产收益论证。经济利益很可能流入企业是判定数据资产的必要条件之一，因此，优先选取与业务场景密切相关的数据产品为典型案例，结合数据产品应用场景分类和价值产生方式，对经济效益进行分析测算。

数据资产成本计量。数据资产入表参照无形资产或存货计量模式，采用历史成本法进行初始计量。为准确核算数据资产成本，需要准确识别、归集和计量直接成本，合理公正并通过能反映成本消耗的方式来分摊间接成本。

数据资产列报披露。对已入表数据资产，在财务报表附注中需披露初始计量、后续计量、处置和报废等相关会计信息，自愿披露其他重要信息。

（二）数据资产入表执行架构

数据资产入表核算管理是企业级的管理工作，需要多部门共同参与，包括归口管理部门、研发实施部门、价值管理部门、使用部门。各相关部门应做好协同，围绕数据资产外购或研发过程中的重点环节，开展详细梳理与分析判定，确保数据资产入表的审慎性和合理性。

数据资产归口管理部门通常为数据资源部门，可牵头推进数据资产入表工作。通过建立和健全数据资产管理规章制度，明确数据资产的认定标准、日常维护、处置等工作流程，协助相关部门做好数据资产评定、直接成本归集和间接成本分摊、数据资产价值评估等工作。

数据资产研发实施部门通常为金融科技部门和数据资源部门，负责数据资源采购、数据模型开发和部署等相关工作。在开发过程中应当统计各环节的投入资源、开发工时等核算信息，并提供数据资产研发项目预算及执行等相关材料，推进研发成本的归集和分摊，进行数据资产成本核算。

数据资产价值管理部门通常为计划财务部门，负责数据资产会计核算规则的制定，以及数据资产计量、折旧、摊销、报废、处置和减值准备的计提等账务处理工作。同时，负责相关资产的账账核对、账卡核对工作，配合归口管理部门进行账实核对工作。

数据资产使用部门通常为研发需求或采购需求提出部门，需要对所使用数据资产的业务收益进行统计分析和判断，确认数据资产的经济利益情况，并对业务模式、业务功能、业务流程等进行说明，辅助数据资产入表中对披露内容的梳理准备。

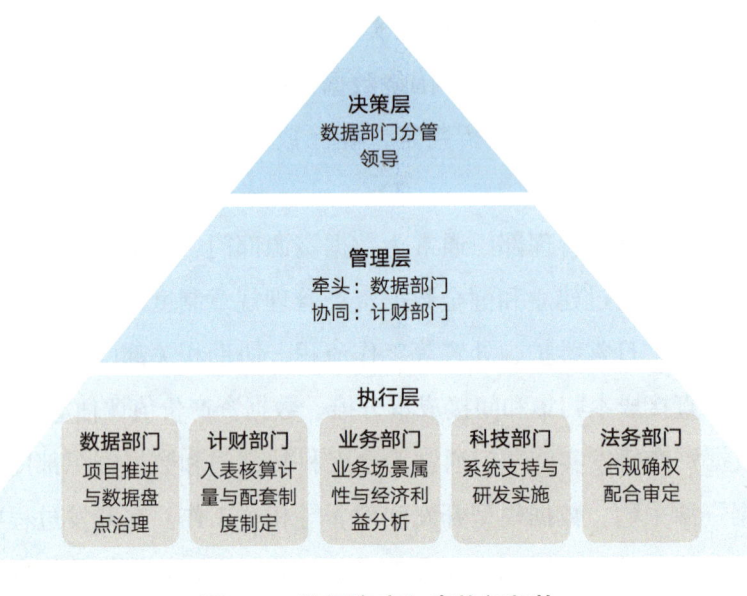

图5-2　数据资产入表执行架构

二、数据资产识别界定

（一）数据资产判定标准

《企业会计准则——基本准则》将资产定义为"企业过去的交易或者事项形成的、由企业拥有或者控制的、预期会给企业带来经济利益的资源"。将数据资源作为资产纳入财务报表进行核算，首先要满足资产的定义，同时还需要满足：与该资源有关的经济利益很可能流入企业，以及该资源的成本或者价值能够被可靠地计量。财政部《暂行规定》对企业数据资产的会计处理方式，主要参照了无形资产和存货的计量方式，不改变现行准则的会计确认计量要求。基于此，数据资产的确认需要满足以下四个条件。

一是由企业过去的交易或事项形成，包括购买、生产、建造行为或其他交易或者事项，而预期未来产生或获取的数据资源不能确认为数据资产；

二是由企业合法拥有或控制，享有数据资源的持有权、加工使用权或者能被企业所控制，同时确保在数据资产全生命周期中合法合规；

三是与数据资产相关的经济利益很可能流入企业，可通过直接或者间接的形式预期为企业带来经济利益，其可能性通常要超过50%；

四是具备无实物形态和可辨认性，其成本能够可靠计量。数据资产能够与商誉区分，可以单独识别和准确、可验证地计量数据资产成本，以在财务报表中进行合理审慎反映。

（二）数据资产范畴界定

数据资产是一种相对特殊的无形资产，在入表的过程中易与无形资产中的系统软件相混淆，推进数据资产入表首先要对数据资产进行识别。此处，以数据资产的分类和举例说明对数据资产范畴进行界定，如表5-1所示。

表5-1　数据资产分类与举例说明

一级分类	二级分类	定义与举例说明
基础类数据资产	交换接口	主要为各组件和系统数据仓库的供数接口。
	组件D模型	主要为物理数据模型，是考虑物理实现效率以及其他限制而创建的数据模型，是最终结合数据库系统实现的产物，在开发实施过程中，数据库表即为D模型。

续表

一级分类	二级分类	定义与举例说明
集成类数据资产	集成接口	主要为数据仓库向各组件和系统的供数接口。
	贴源资产	主要为数仓贴源区库表。
	整合模型	主要为按粒度建模方法，根据业务主题进行的建模，表现形式为宽表。
	公共计算资产/公共访问资产	主要为数仓中的计算区，用于加工共享度较高的数据，实现信息多点共享，提高数据精度，表现形式为库表。
	计算资产	主要为数仓中的计算区，用于加工各下游组件的个性化数据需求。
萃取类数据资产	标签	主要为根据客户行为、特征，抽象萃取出的、用于明确客户属性的数据，表现形式为字段。
	指标	主要为标签的量化评价标准，表现形式为字段。
应用类数据资产	数据应用	主要为以数据驱动的应用产品，基于统一的用户界面提供基于数据资源和模型应用（如风控类模型、客户营销和运营模型、资本管理类模型等）的数据产品，将数据集、数据分析处理、信息服务等整合为一体，提供全方位的智能化解决方案的应用程序。
	数据服务	主要以数据资源库为基础，提供满足特定需求的信息类服务。基于用户的请求，利用算法或模型对数据资源进行加工和处理，为用户提供经营决策信息，如固定报表、报告。

（三）会计核算科目判断

数据资产入表过程中，需要按照企业会计准则相关规定，根据数据资产的持有目的、形成方式、业务模式，以及与数据资产有关的经济利益的预期消耗方式等，对相关交易和事项进行会计确认、计量和报告。对于企业使用的数据资源符合无形资产准则规定的定义和确认条件的，应当确认为无形资产。对于企业日常活动持有、最终目的用于出售的数据资源，符合存货准则规定的定义和确认条件的，应当确认为存货。

数据资产作为无形资产入表核算，适用于企业利用数据资源对内提升经营、运营效能，或是对外提供服务的情形。以下举几个示例进行说明：①企业开发的营销类数据模型，以增加产品销量为目的，将客户与产品进行匹配，并进行购买预测和产品推荐，以提高产品营销收入；②客户运营类数据模型，以提升客户黏性、优化客户结构为目的，基于客户活跃度、流失率等分析判断，高效开展运营活动，增加客户资产流入和减少资产流失，增加资产管理收益；③风险管理类模型，以风险监测和风险规避为目的，对业务进行风险管理的模型，通过贷款放款前信用审批和放款后风险监控压降客户违约损失，以提升银行信贷质量，维持稳健发展。

数据资产作为存货入表核算，适用于企业日常持有数据资源以备出售的情形。同样举例说明：①根据业务目的判断是否主要用于销售，如企业为客户定制化开发数据产品，开发完成后直接销售给客户，则可以作为存货进行会计处理；②企业在对外提供服务过程中使用的数据资产，也可能被确认为存货，如为客户提供定制化数据分析服务，在服务过程中使用的数据资源可确认为存货；③根据数据资产的使用周期判断，通常存货的周转期较短，如果数据资产的使用周期较长，则可作为无形资产进行会计处理。

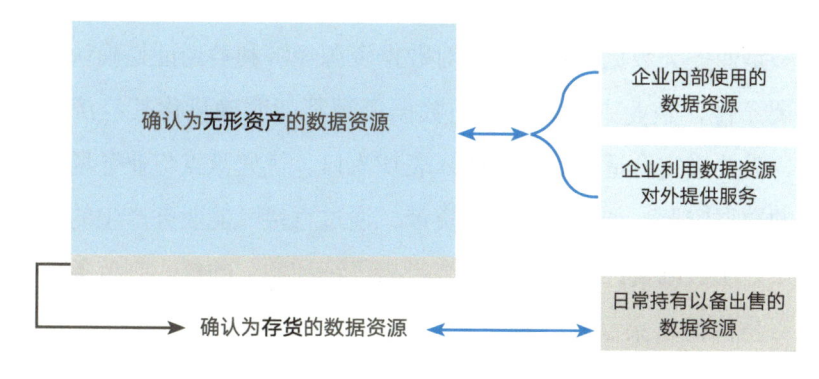

图5-3 不同业务模式关联的数据资产入表科目

三、数据资产盘点治理

通过解读《暂行规定》可以发现，并非所有的数据资源都能被确认为资产进行入表核算。当数据资源质量不高，难以挖掘形成有价值的数据产品，则不满足"与该资源有关的经济利益很可能流入企业"；部分内部数据由于缺乏数据治理基础，无法可靠计量数据的加工处理等相关成本，则不满足"该资源的成本能够可靠的计量"。数据资产入表首先要对企业全量的数据资源进行梳理和盘点，筛选出具有潜在入表可能性的数据资产。

（一）数据资产盘点梳理

1. 数据资产盘点顺序

企业数据资源类型多、规模大，为了能够快速筛选出适合入表的数据资产，数据资源盘点梳理可以遵循"业务优先、价值优先、权属明晰、先易后难"的顺序推进。

一是业务类数据资产优先。对数据资源经济利益论证是确认为资产的必要条件，企业中并非所有的数据资源都能明确量化其经济价值，因此，需要确定合适的数据资产入表切入口。优先盘点与业务场景密切相关的数据资源，如应用类数据资产，通过直接赋能业务产生的经济效益，来证实数据资产符合"很可能带来经济利益"的核心判定条件。

二是价值密集型的数据资产优先。价值密集型数据资产通常包含了企业的核心数据，如脱敏化数据集、数据模型、数据产品等，且与企业的核心业务和竞争优势密切相关。企业在推进数据资产入表时，可以优先盘点这些高价值数据，围绕核心数据，更具针对性地进行数据治理和应用，构建数据资产管理的基础框架，为后续全面的数据资产盘点和管理奠定基础。

三是权属明晰的数据资产优先。一方面，优先梳理权属明晰的数据资产，确保数据资产权属的合法合规性，为企业数据资产入表、交易或合作提供权益保护。另一方面，确保数据资产的属主明晰，根据数据资产加工方式、使用场景等识别和明确数据资产的属主划分，建立体系化的数据资产管理机制，以便实现入表过程中数据资产有效治理。

四是先易后难推进数据资产入表盘点。数据资产入表需要综合考量数据的合法合规、治理管理、成本效益等多个方面，论证过程较为复杂。为了从0到1顺利打通数据资产入表全流程，企业可以采取先易后难的策略，从数据治理较为成熟、数据加工链路较为清晰、相关凭证较为完备、数据资产价值较易识别的数据类型开始，逐步扩展到更复杂的数据资产类型。

2. 数据资产盘点方法

数据资产盘点梳理是企业级项目，需要从业务战略出发，通过数据资源部门、金融科技部门和相关业务部门分工合作，梳理数据资产规划、开发、存储、集成、运营、处置等全生命周期活动，具体从以下三个步骤展开。

明确盘点范围。根据数据资产定义与分类，数据资产包括基础类数据资产、集成类数据资产、萃取类数据资产和应用类数据资产。在盘点过程中，按不同类别进行盘点梳理。为了更顺利实现数据资产入表全流程打通，可以重点关注与经济利益直接挂钩、研发流程清晰、成本核算凭证完备的应用类数据资产作为入表试点。

建立数据资产台账。在数据资产盘点梳理过程中，建立涵盖自动化、半自动化、手工等形式的数据资产登记机制，并由数据资产属主部门负责进行数据资产登记和定期维护。一是应按照数据资产体系和用户习惯建立数据资产目录结构，包括数据目录、数据地图、数据业务视图等组成部分。二是盘点具有经济利益的数据资源，建立企业级数据资源目录，并根据资产产生方式、加工方式、使用场景等要素初步识别数据资产属主。三是建立数据资产目录更新流程和机制，在相关数据资产活动完成时，对发生变化的数据资产更新登记，并保留历史版本信息以供追溯查询。

划分数据资产属主。数据资产属主划分可以按照"业务主责部门责任制、需求提出部门责任制、系统建设部门责任制"原则，以数据项作为认责的最小数据单位。业务主责部门责任制是指首先依据业务、产品主管原则进行认责，由数据项所属业务、产品主管部门作为数据资产主责部门；需求提出部门责任制是指依据"谁提出，谁负责"的原则，由数据需求提出部门作为数据资产主责部门；系统建设部门责任制是指由系统责任部门作为数据资产主责部门。如果依据原则"业务主责部门责任制"无法确定数据资产管理部门，则依据原则"需求提出部门责任制"进行认责，以此类推。

（二）数据资产研发链路分析

在完成数据资产盘点后，为了识别数据资产研发过程中占用的资源，建立统一、合理的成本归集和分摊机制，需要对数据资产研发过程开展血缘分析。以应用类数据资产为例，对数据资产研发过程进行全链路说明。应用类数据资产是对基础类数据、集成类数据和萃取类数据进行组织、封装和再加工，最终形成数据驱动应用和服务，其研发过程可以划分为需求分析、项目立项、数据准备、模型开发与部署、模型测试、评审投产与迭代优化等环节。依据数据资产在整个生命周期中的转换和使用情况，对数据资产化过程所占用的企业资源进行系统梳理。

提出与评审需求。业务需求由需求部门经过调研提出，对业务目的、功能需求、性能需求、数据需求、安全性需求、系统运行需求等进行详细说明，明确需要协同配合的部门。进一步地，由研发部门统筹评审，例如需求重复性评估、技术可行性分析、估算实现该需求的工作量等。这一阶段属于研究阶段，主要为后续开发活动进行资料及相关准备，所做的工作具有探索性，未来是否会转入开发阶段、开发后能否形成数据资产还具有很大的不确定性。

制订实施方案。业务需求评审通过后进入设计阶段，根据数据资产研发内容、涉及系统等组建项目实施团队，负责项目具体组织实施。数据资产开发人员按照端到端完整应用实现目标，制订技术方案，明确各开发环节之间的协同关系及内容。在制订技术方案的同时，项目实施团队需要根据业务需求、技术方案和项目资源情况，从项目设计、开发、部署、测试、投产等工作类型，测算项目实施所需工作量，并制订项目实施计划，计算出项目关键里程碑的计划完成时间点。

收集和准备数据。在数据资产研发过程中，需要明确调用的数据资源，包括内外部数据的类型、规模、来源、权属、质量等信息。内部数据主要涉及在业务经营中收集和产生的数据，包括业务系统中的存储数据、入仓入湖的业务报表数据等。外部数据则主要涉及采购或共享获取到的数据，包括向具有资质的数据供应商采购的数据、接入的公共或政府数据、通过互联网获取的公开数据等。完成数据收集工作后，需要进行数据清洗和预处理，以确保数据的准确性和完整性。在复杂的大型数据训练中，较难发现其中的规律和模式，这个过程可能需要反复多次。

模型开发与部署。模型设计是数据资产研发的关键步骤，根据业务需求建立数据模型以支持智能决策。以银行互联网贷款风控体系为例，需要开发的数据模型包括基于外部数据贷前准入模型、优化额度定价模型、贷中支用模型和风险预警模型等。在设计模型过程中，需要根据实际情况调整参数，不断优化模型效果。模型设计完毕后，需要将数据模型部署到相关系统，在线上技术环境中部署落实，通过相关物理系统的适配改造以支持模型的正常运行。

模型测试。模型测试阶段主要包括数据产品集成测试和用户验收测试。其中，数据产品集成测试确保各环节能够正确地集成在一起，并按照预期的方式协作，以校验所开发模型的功能、性能、可靠性和兼容性要求。用户验收测试则由最终用户根据测试计划和结果，对数据产品进行测试和验证，以确保满足用户的业务需求，主要包括安全测试、功能测试、用户界面和兼容性等测试环节。

投产运行。模型测试通过后，需要投产准备，包括环境准备、投产评审等。数据产品完成开发后，还应关注并梳理数据资产后续相关变化情况，如业务模式变化、权利限制变化、更新频率和时效性、有关产品和技术更迭、同类竞品等，以判断数据资产的后续支出是否符合资本化条件以及使用寿命变化。

（三）数据资产治理与运营

长效开展数据资产治理是数据资产入表的基础，围绕数据全生命周期开展数据质量管控和风险管理工作，以保障数据加工处理及应用过程中运营合规、风险可控、成本可计量和价值可实现。

1. 加强数据源头管控

随着企业数字化转型加速演变，数字化转型工作相继进入数据治理和应用的深水区，现阶段企业"用数"方面的主要矛盾是数据供给、数据质量与不断增长的业务数据需求之间的矛盾，普遍存在"知数难、找数难、管数难、用数难"的问题，亟须提高"用数管数"能力。

高效的数据治理首先要加强数据源头管理，通过数据资产的盘点梳理摸清数据家底，按照统一数据规范，准确采集、深度融合内部数据与外部数据，逐步贯彻落实源头治理要求，改善源头数据质量，从而最大程度保障数据的内外部使用和交换的一致性和准确性，确保数据"书同文、车同轨、数同规"，为企业级数据治理、数据要素配置奠定数据统一底座。进一步地，加强多维数据的获取和利用，依托多方安全计算、联邦学习等隐私计算技术，建立"数据可用不可见"的安全、合规的数据共享体系，推动数据要素有效整合和有序流动。

2. 开展企业级数据治理

为理顺数据资产管理与业务发展之间的脉络关系，更好地推动数据价值最大化，需要建立体系化的数据资产治理机制。企业可以结合具体业务场景，对所辖数据进行"定义—建账—确责—打标—质检—治理"全链条的数据治理工作，并以数据目录的形式进行共享，便于快速查找、精确定位所需的数据资产。

开展数据分级分类的安全管理。在通过盘点梳理摸清数据家底后，从数据安全角度分类分级，对不同敏感级别的数据提供不同形式的安全保护措施，统筹兼顾数据安全与应用，提高数据资产的精细化管理水平和安全防护能力。

从数据标准出发根本性提升数据质量。数据标准制定是构建一致、可信的数据基石的关键步骤，通过"业务、科技、数据"人员协同，在标准制定、标准审核、标准实施、标准后评估等落标贯标全流程中各司其职，通过明确的目标、合适的分类规则、严格的数据质量要求、规范的数据治理流程以及有效的技术工具支持，对数据全生命周期进行规范化管理，提高数据的一致性和可信度，提升数据的可操作性和互操作性。

3. 建立体系化数据资产运营机制

数据资产运营的核心是"往下做好治理、向上促进价值释放"。通过对数据服务、数据流通情况进行持续跟踪和分析，从数据使用者视角出发，立足数据价值管理，全面评价数据应用效果，建立科学的正向反馈和闭环管理机制，促进数据资产的迭代和完善，不断适应和满足数据资产的应用和创新需求。

一方面，推进数据高效供给的敏态业务建设。通过"订单管理"策略进行数据资产经营，将企业部门之间数据供给采用订单法管理，后台数据部门将前台业务部门作为客户，依据业务部门提出的数据需求进行数据供给，切实做到"管好数""服好务"。具体来看，可以将数据管理相关部门作为数据中心，建立部门之间的数据供需订单管理模式。当某项数据资源被调用得越多，则对应数据价值越高。进而，以数据价值为导向，设计企业部门数据供给"积分制"激励机制，并挂钩绩效考核，提升部门之间数据共享意愿和积极性，削弱企业内部数据供需的"部门烟囱"，推动数据资源的高效供给。

另一方面，打造以价值为中心的数据资产内部运营体系。通过开展数据资产运营分析报告、打造数据资产运营大屏、评价数据资产建设成效等多种方式，对数据资产价值进行持续监控，输出数据资产运营建议，促进数据资产的业务赋能效应。进而，开发分部门、分业务条线、分地区的细颗粒度数据资产业务价值展示功能，量化数据资产的业务效益，为高效能的数字化业务方向优先配给更多的数据资源和科技支持，加强数据资源优化配置，并以场景驱动数据资产应用和价值挖掘，充分盘活并释放数据资产价值。

四、数据资产合规确权

数据合规确权是判断数据资产能否入表的关键前提。由于数据在加工使用和流通交易过程中，往往涉及多方参与，企业、个人和政府等不同主体对数据有不同权益，且呈现复杂共生、相互依存、动态变化等特点，这对传统产权制度提出新挑战。综合相关法律法规、行业标准和监管等内容，在实践中聚焦"合法拥有或控制"，从企业基本信息、安全合规、法律合规方面，建立数据资产合规确权检查清单，并由企业法律相关部门出具专业审核意见，保障入表数据资产的合法合规性。

（一）数据合规梳理

对于数据合规管理及安全应用，可参考的法律法规主要包括2017年6月1日实施的《中华人民共和国网络安全法》、2021年9月1日实施的《中华人民共和国数据安全法》、2021年11月1日实施的《中华人民共和国个人信息保护法》，三部法律也被称为数据合规领域的"三驾马车"，奠定了数据合规的基本法律框架。

除此之外，数据资产合规还需要遵守国家标准体系中涉及数据安全和个人信息保护的强制性标准，并建议遵守国家、地方和行业出台的相关推荐性标准。其中，国家标准包括《信息安全技术　个人信息安全规范》（GB/T 35273—2020）、《信息安全技术　个人信息处理中告知和同意的实施指南》（GB/T 42574—2023）、《数据安全技术　数据分类分级规则》（GB/T 43697—2024）等，涉及金融行业标准包括《个人金融信息保护技术规范》（JR/TO 171—2020）、《金融数据安全　数据安全分级指南》（JR/TO 197—2020）、《金融数据安全　数据生命周期安全规范》（JR/TO 223—2021）等。

在数据合规梳理实务中，可由数据资源部门牵头梳理和评估数据资产开发过程中数据来源、数据内容、数据处理、数据安全、数据经营等方面的合规性，根据"谁使用，谁保护"的原则，各部门和机构按照职责分工进行数据合规管理。

一是数据来源合规。企业获取数据符合法律法规、监管要求和社会公德，不侵犯第三方合法权益，满足"原始数据不出域，数据可用不可见"的合规要求。例如数据采购、爬取、采集等方式获取的内外部数据合规，不存在非法获取、有权属争议、无控制权等数据资源。

二是数据内容合规。数据承载的信息合法合规，不能收集和存储违法的数据，并能够明确数据的使用场景、用途、限制和范围，以确保数据能够正确合理使用。可基于数据的影响对象和程度，识别和确定数据敏感性和重要性等级，以确定适当的保护措施。

三是数据处理合规。在数据收集、存储、传输、加工、应用、删除、销毁全流程的加工处理过程符合合法、正当和必要性原则，不得处理超出个人授权同意的范围信息。

四是数据安全合规。按照法律法规和标准规范等要求，建立数据安全合规相关管理制度，开展包括合规管理体系搭建、风险识别、风险评估与处置等管理活动，对数据分类分级管理、数据跨境、个人信息保护等领域建立相应的全链条监督管理机制，并持续改进和完善整个数据安全管理体系。

五是数据经营合规。当企业依法开展数据经营业务时，需要获取相应的资质或行政许可，建立完善的内控体系，保障数据经营业务不危害国家安全、公共利益，以及不侵犯个人和组织合法权益。

（二）数据权属梳理

"数据二十条"对数据权属梳理提供了基本遵循，明确了数据产权、流通、交易、收益分配等方面的基本规则，创新性提出建立数据资源持有权、数据加工使用权和数据产品经营权"三权分置"的数据产权制度框架。数据产权结构性分置制度不回避"所有权"，但更强调持有权、使用权、经营权。要求根据数据来源和数据生成特征，分别界定数据生产、流通、使用过程中各参与方享有的合法权利，从而在总体框架上采用结构性分置，具体操作上采用分类分级确权授权使用。

在数据权属梳理实务中，可基于数据资产研发过程中所调用的数据来源，梳理数据的完整授权链条，从授权方式、授权对象、授权内容、授权时限等要点展开，解决授权过程中"如何授权""授权给谁""授什么权""授权多久"等关键问题。建立数据权属监督管理机制，日常维护数据资源的权属变更情况，对获取数据有授权期限的，需要在资产使用寿命估计中予以合理反映和披露。

对于企业自身经营数据，主要在日常经营过程中产生，其来源明确、可追溯。这些数据在企业内部管理和使用过程中，通常会受到严格的审计和控制措施的约束，企业处理数据时，需要遵循相关法律法规和内部规章制度以确保数据的合规性。因此，在数据治理架构和流程完善的企业中，经营数据的合规与权属通常较为明晰可辨。

对于企业采集的个人数据，需要获得数据主体的恰当授权。个人作为数据来源者天然拥有数据所有权，企业在业务活动中获取的个人数据，实际上是基于用户行使个人信息自决权而获得数据的持有和使用相关权利。因此，除非数据已经匿名化处理或用户放弃其数据权利，对于该类数据权属进行审查时，需要检查企业是否已获得数据主体的知情同意和授权。同时，个人有权依法撤回同意或要求删除其个人信息，一旦用户行使这些权利，企业对相关数据的持有权和使用权也将终止。

对于企业采购的外部数据，需要获得数据供应商及数据主体的恰当授权。这类数据通常包括企业通过购买获得许可使用权，或者从其他公开渠道获取的信息。对该类数据权属审查时，可重点检查数据获取渠道和相关合同，包括合作协议、数据共享协议等，以确认数据获取的合法性。此外，还需关注数据提供方的合法性及其在行业内的声誉，降低潜在的法律风险，确保数据有效性和可靠性。

对于企业调用的公共数据，需分类确定审核规则。公用类公共数据可细分为无条件开放和有条件开放两类，对于无条件开放的数据因不受获取限制，通常可通过简单审查确认来源的合规性。而对于有条件开放的数据则需严格按照政府设定的开放限制，如获取主体、使用范围、使用方式和用途等内容逐一审查，以确保每一项开放条件都得到落实，从而保障数据的合规性和安全性。

（三）数据合规确权检查清单

为评估数据资产全生命周期的合规和权属情况，根据法律法规、标准规范以及企业相关管理制度要求，同时参照企业内部数据采购合同、数据采集协议、企业合作协议等，设计合规确权检查清单，包括三大维度、7项一级指标、38项检查点。

基本信息维度，从企业基本信息和数据资产基本信息了解涉及的数据类型，识别检查方向和检查重点。在企业基本信息方面，需要明确有无海外分支机构，确定是否检查跨国数据流动情况。在产品基本信息方面，需要明确产品内容、涉及的数据类型、主要系统、主要功能、主要用户和数据分类分级情况。

安全合规维度，重点检查三个方面内容，一是数据全生命周期中涉及的收集、存储、使用、加工、传输、提供、公开、删除等各个环节的合法合规情况；二是安全合规相关制度是否完善，是否采取相关保护措施防止数据被非法窃取、泄露、转让、滥用、篡改或破坏；三是是否发生过网络安全事件或个人信息泄露事件，例如数据安全漏洞、数据安全事故、涉及重大诉讼、监管问询、行政处罚等。

法律合规维度，从企业对数据资产的合法控制和合法拥有两个方面进行检查。一是合法控制方面，对数据来源是否合法和数据是否被控制进行检查，其中来源合法根据所涉及的企业数据、个人数据和公共数据分类型分别评估，确定数据被控制的方法包括确权报告、产权登记或者权限设置等。二是合法拥有方面，根据数据"三权分置"中，对数据资源持有权、数据加工使用权和数据产品经营权分别检查。

数据合规与确权的梳理检查内容可参考表5-2的数据资产合规与确权检查清单。

表5-2 数据资产合规与确权检查清单

维度	一级	二级	检查点	判断依据
基本信息	企业基础环境	—	是否存在境外子/分公司。	《中华人民共和国网络安全法》第三十七条关于在境内存储个人信息和重要数据的相关规定。《中华人民共和国个人信息保护法》第三章对个人信息跨境提供的相关规定。《信息安全技术 个人信息处理中告知和同意的实施指南》第9.3.6条关于向境外提供个人信息的相关规定。
	产品/数据基础信息	—	提供的产品或服务内容。	—
		—	收集、存储数据的种类及情形（第三方获取数据和自主收集数据，公共数据、企业数据、个人数据）。	—
		—	使用系统的情况（包括系统名称、运维主体、服务器位置、主要功能、使用用户种类等）。	—
		—	是否收集和存储个人信息、敏感个人信息、未成年人个人信息、重要数据。	《中华人民共和国个人信息保护法》第二章第二节、《中华人民共和国数据安全法》第二十七条对敏感个人信息、未成年人个人信息、重要数据的相关规定。《信息安全技术 个人信息处理中告知和同意的实施指南》第9.3.5条关于处理敏感个人信息的相关规定。
		—	数据分类分级情况（数据集：从安全管理角度出发，依据数据的重要性和敏感性划分为"核心、重要、敏感、其他"；数据项：从数据受到破坏后的影响对象和影响程度划分为1~5级）。	《中华人民共和国数据安全法》第二十一条对数据分类分级保护制度的相关规定。《金融数据安全 数据安全分级指南》

续表

维度	一级	二级	检查点	判断依据
安全合规	数据生命周期合规判断（技术合规）	数据的收集与存储	数据采集渠道。	《中华人民共和国数据安全法》第三十二条至第三十四条关于不得非法获取数据的相关规定。
			数据采集前，数据处理者应牵头对数据采集工作进行合理性、必要性、安全性进行评估，并留存相关过程记录。	《中华人民共和国个人信息保护法》第五条、第九条对"合法、正当、必要和诚信原则"以及"个人信息安全"的相关规定。《中华人民共和国网络安全法》第四十一条关于合法、正当、必要原则的相关规定。
			采集过程应满足真实性、保密性要求，如线下采集数据转换成电子数据。	《金融数据安全 数据生命周期安全规范》第7.1条关于数据采集的相关规定。
			数据的存储方式、期限、位置及存储期限届满后的处理方式。	《金融数据安全 数据生命周期安全规范》第7.3条、第7.5条、第7.6条关于数据存储、数据删除、数据销毁的相关规定。
			是否超出必要限度收集与提供的服务或产品无关的个人信息。	《中华人民共和国个人信息保护法》第六条关于不得过度收集个人信息的相关规定。
			是否根据数据分类分级，备份、脱敏或加密重要数据和个人信息。	《中华人民共和国数据安全法》第二十一条对数据分类分级保护制度的相关规定。《金融数据安全 数据安全分级指南》《金融数据安全 数据生命周期安全规范》第7.3.2条、第7.3.3条关于存储安全、数据备份与恢复的相关规定。
			是否对数据的访问设置限制。	《中华人民共和国个人信息保护法》第二十五条关于不得公开处理个人信息的相关规定。《个人金融信息保护技术规范》第7.3条对于访问控制的相关规定。《金融数据安全 数据生命周期安全规范》第7.4.2条关于数据访问的相关规定。
		使用、加工、传输、提供、公开	是否涉及超出授权范围处理数据。	《中华人民共和国个人信息保护法》第十四条关于个人信息处理目的、方式和处理的个人信息种类的相关规定。

续表

维度	一级	二级	检查点	判断依据
安全合规	数据生命周期合规判断（技术合规）	使用、加工、传输、提供、公开	是否涉及将个人信息和重要数据提供至境外，如涉及，是否通过数据出境安全评估。	《中华人民共和国个人信息保护法》第三章对个人信息跨境提供的相关规定。
			是否涉及数据委托处理。	《金融数据安全 数据生命周期安全规范》第7.4.10条关于数据转让的相关规定。
			是否涉及集团内部或外部数据转移或传输的情况，如涉及是否取得相关授权/同意。	《中华人民共和国个人信息保护法》第二十二条、第二十三条关于向其他个人信息处理者提供其处理的个人信息的相关规定。《金融数据安全 数据生命周期安全规范》第7.4.9条、第7.4.11条关于数据转让、数据共享的相关规定。
			是否使用第三方平台存储数据。	《中华人民共和国数据安全法》第三十四条对数据处理资质的相关规定。
	遵循的内部制度（法律合规）	数据合规方面相关制度	企业数据合规相关的制度办法是否健全。	《中华人民共和国数据安全法》第二十七条对建立健全数据安全管理制度的相关规定。《金融数据安全 数据生命周期安全规范》第8.2条关于金融数据安全管理制度体系的相关规定。
			数据产品是否符合各项管理办法要求。	企业内部制度文件。
	是否发生过网络安全事件	事件	是否曾经发现自身产品、服务存在恶意程序、安全缺陷、漏洞等风险；受到网络攻击或网络入侵；是否曾发生或者可能发生个人信息泄露、毁损、丢失的情况；是否曾因违反网络安全法、侵犯个人信息受到过民事起诉、行政执法调查或处罚、刑事调查或起诉等。	《中华人民共和国网络安全法》第二十二条对网络产品、服务安全维护的相关规定。《中华人民共和国个人信息保护法》第五十七条对个人信息泄露、篡改、丢失情况的相关规定。

续表

维度	一级	二级	检查点	判断依据
法律合规	合法控制	数据来源合法	是否涉及有条件开放的公共数据；是否获得同意，并签订协议 1. 对于有条件开放的公共数据，需申请并获得公共数据提供单位同意，签订公共数据开放利用协议，应当按照协议要求对公共数据进行开发利用，并采取必要的防护措施，保障公共数据安全。 2. 开发的数据产品和数据服务，应当注明公共数据的来源和获取日期。	相关公共数据开放平台的服务协议内容、相关授权许可协议约定。
			企业数据： 1. 对于外购企业数据，应与供应商签署合同协议，协议内容应包括：①数据合法性声明；②明确数据来源、采集范围、内容、频度、用途；③明确双方在数据安全方面的责任和义务，违约和赔偿要求；④明确数据采集过程中的安全管控措施；⑤明确采购方对外部机构的安全审计权力。 2. 对于自行采集的企业数据，需审查：①数据是否属于开放数据；②取得数据的手段是否合法，是否突破数据访问控制，是否突破网站或App的Robots协议；③使用目的是否合法；④是否造成损害。	《中华人民共和国数据安全法》第三十二条至第三十四条关于不得非法获取数据的相关规定。 《金融数据安全 数据生命周期安全规范》第7.1.2条关于从外部机构采集数据的相关规定。

续表

维度	一级	二级	检查点	判断依据
法律合规	合法控制	数据来源合法	个人信息数据： 1. 采集过程应遵循"合法正当"原则，通过单独成文的合同协议或隐私政策向金融消费者告知收集、使用个人信息的目的、方式和范围，并获得授权同意。 2. 不得采取"一篮子授权"强制同意等方式过度收集个人信息。对于个人信息的收集要依法依规，强调合理利用和对个人信息的保护。 3. 互联网渠道采集应遵循：①消费者主动勾选、明示同意等方式征得授权，禁止默认勾选同意等方式；②不同意时不能频繁要授权。	《个人金融信息保护技术规范》第7.1.1条关于个人金融信息收集的相关规定。 《金融数据安全 数据生命周期安全规范》第7.1.3条关于从个人金融信息主体采集数据的相关规定。 《信息安全技术 个人信息处理中告知和同意的实施指南》第9.4条、第9.5条关于书面同意、拒绝同意实施的相关规定。
		数据控制	是否有数据确权报告。	《国家知识产权局办公室关于确定数据知识产权工作试点地方的通知》。
			是否进行数据确权或数据知识产权登记。	《国家知识产权局办公室关于确定数据知识产权工作试点地方的通知》。
			是否建立有效的访问控制。	《国家知识产权局办公室关于确定数据知识产权工作试点地方的通知》。
	合法拥有	数据资源持有权	是否来源合法；是否有合同约定。	《关于构建数据基础制度更好发挥数据要素作用的意见》。
		数据加工使用权	是否满足数据安全要求；是否来源合法；是否有合同约定。	《关于构建数据基础制度更好发挥数据要素作用的意见》。
		数据产品经营权	是否依法依规形成数据产品；是否已获取相应的资质或行政许可。	《关于构建数据基础制度更好发挥数据要素作用的意见》。

五、数据资产经济利益分析论证

（一）经济利益场景分析

根据数据资产判定条件，将数据资产纳入财务报表进行核算需要符合"经济利益很可能流入"这一必要条件。在会计准则中主要指企业拥有或控制的资源在未来能够为企业带来经济利益的可能性较高，通常意味着超过50%，即企业有理由相信，通过使用、出售或其他方式处置这些资源，能够在未来获得经济利益。从数据资产的使用方向来看，主要分为外部交易和内部赋能两大类，进一步根据具体应用场景来分析、测算和论证数据资产经济利益流入的可能性。

1. 数据资产外部交易

当企业能够使用数据资产对外提供服务或交易时，可直接为企业带来经济利益流入，数据产品交易、数据技术服务和数据应用服务是三种主要的数据货币化途径。在此种情形下，能够较为直观地判断经济利益流入的方式及规模。

一是数据产品交易。企业将收集和加工的数据转化为可交易产品，如数据集、数据模型、客户洞察报告等，进行市场销售，这种方式能够直接为企业带来收入，其关键在于数据产品必须具有较高价值和市场需求，确保市场愿意为之付费。

二是数据技术服务。主要涉及企业对外提供与数据相关的专业服务，例如数据清洗、数据标注、数据分析等，以帮助客户提高数据质量或从数据中提取有用信息。这种服务模式通常基于项目或订阅制收费，是数据资产创造收益的有效途径。

三是数据应用服务。主要侧重于为客户提供定制化的数据解决方案，例如构建特定的数据模型或应用工具以解决客户的特定问题，例如预测分析、客户细分、个性化推荐等。企业通过这种服务不仅能够获得服务费，还能通过帮助客户实现业务目标来建立长期合作关系。

2. 数据资产内部赋能

尽管数据资产的对外交易可以为企业带来直接经济收益，但对大多数企业而言，由于数据隐私、安全法规和技术挑战等限制性因素，使用数据资产进行内部服务更为常见和重要。通过深入挖掘和分析数据，企业能够优化产品和服务、提高运营效率、降低运营成本和风险成本、开拓市场边界，不断创新和改善其业务模式增强市场竞争力，这也构成了数据资产对内赋能的关键方面。

提升产品或服务效益。以数据驱动的产品创新不仅能够增强企业的市场竞争力，还能提升客户体验，促进交叉销售和增值服务，是提升市场竞争力的关键策略。企业可以通过客户反馈、指标画像和行为模式的深入分析，从而设计出更符合客户需求的产品特性，改进服务体验。例如，通过客户细分识别不同客户群体的特定需求，开发定制化的存款、贷款或投资产品，并利用大数据分析实时调整产品特性，以适应市场变化，提高客户满意度和忠诚度。

促进运营效率提升。数据资产的应用对企业提升运营效率发挥着重要作用，企业可以利用数据分析优化内部流程，提高服务效率。例如，通过机器学习、自然语言处理等自动化和智能化技术处理大量交易和查询需求，提高处理速度和准确性。通过预测模型预测客户流量，合理分配柜台服务人员和自助服务设备，提高整体运营的流畅性和响应速度。

压降运营和风险成本。数据驱动型的策略可助力企业压降运营成本、管控风险成本。一方面，通过数据分析和应用实现企业精细化管理，例如，利用数据分析优化网点布局和人力资源配置，减少不必要开支。另一方面，通过信用评分模型和机器学习算法等，提高风险评估的准确性，减少不良贷款和欺诈行为的发生，增强风险管理能力，实现风险成本的有效管控。

推动开拓新型业务。数据资产的深入分析为商业银行开拓新型业务提供了可能，通过分析市场趋势、客户行为和同业动态，企业可以更敏捷地创新业务模式，拓展市场边界。例如，企业可以通过客户社交媒体和消费行为数据分析，发现新兴市场和业务需求，从而开发新的金融产品或服务。此外，数据资产还可以支持企业探索新的业务模式，如数据咨询服务、提供定制化解决方案等，拓展新的收入来源和增长点。

（二）入表试点场景选择

企业数据资产类型丰富多样，在基础类数据资产、集成类数据资产、萃取类数据资产和应用类数据资产中，不同类别的数据资产具有不同的价值实现路径。

基础类数据资产支持企业级数据运营，具有间接经济效益。基础数据资产通常包括企业在运营过程中产生的原始数据、采购或采集的外部数据等，是数据分析、决策支持、流程优化和战略规划的重要基础。高质量的基础数据资产为企业提供了一个全面、准确的数据视图，有助于消除数据孤岛，确保数据的一致性和可访问性，通过整合和标准化实现企业统一数据湖仓建设。基础数据资产本身并不能直接转化为经济收益，需要通过进一步数据挖掘来实现其价值。

集成类数据资产与萃取类数据资产辅助管理决策，经济效益不易直接量化。通过对基础数据资产的整合处理和加工分析，生成集成数据资产或萃取数据资产，企业能够从数据中提取有价值的信息，支持决策制定和业务流程优化。该类型的数据资产可以提高管理决策的准确性和效率，降低运营成本，但其价值需要通过长期的战略实施和其他业务执行来体现，其对经济效益的贡献通常是隐性的，需要通过综合评估和长期观察来识别。

应用类数据资产是入表试点的较优选择。由于应用类数据资产可以直接挂钩经济效益，以此为切入口便于梳理应用场景，验证经济利益流入的可能性。具体结合数据资产分类、业务交互需求和应用场景分类，对数据资产的经济利益进行分析测算。基于应用类数据资产的迭代性、用户指向性和场景适配性等特点，选取此类数据资产作为入表试点，主要基于三方面的考量：一是数据产品权属明晰，基础数据已经过脱敏化、标签化处理，易于确权；二是成本能够可靠计量，独立研发产品有明确的产品立项、成本开支、经济利益估算等留痕凭证；三是经济利益与数据资产关联性强，基于业务场景的数据产品开发，便于直接挂钩获客收益、风险损失压降等利益流入。

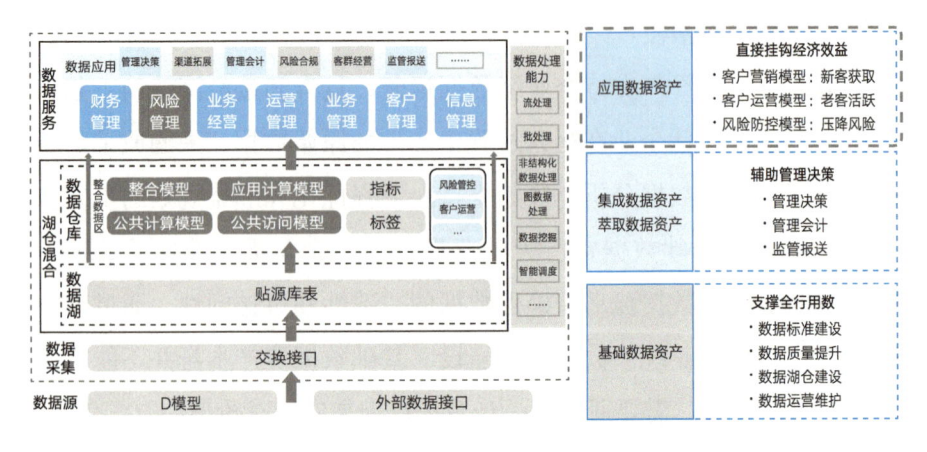

图5-4 不同类型数据资产的经济效益特征

（三）数据资产收益测算

1. 数据资产收益测算口径

以应用类数据资产为例，进行数据资产收益测算说明。应用类数据资产的业务价值实现主要通过业务算法模型，具体可分为营销类模型、运营类模型、风险管理类模型等。其中，营销类模型以增加产品销量为目的，将客户与产品进行匹配，并进行购买预测和产品推荐。模型通过大数据分析，精准定位客户群体，洞察客户需求，促进精准营销，提升营销漏斗的转化率，从而提高产品营销收入。运营类模型以提升客户黏性、优化客户结构为目的，是一种用于识别客户活跃度、判断流失率的模型，通过协同开展运营活动，增加客户资产流入和减少资产流失，提高客户资产管理总规模，增加资产管理收益。风险管理类模型以风险监测和风险规避为目的，对业务进行风险管理，主要适用于银行信贷风险管控。通过贷款放款前信用审批和放款后风险监控压降客户违约损失，以提升银行信贷质量，维持稳健发展。

业务算法模型产生的增量收益包含支持客户营销、客户运营、风险管理等业务产生的收入增加、损失减少以及成本支出减少，业务算法模型使用带来的增量收益即为数据资产收益。为提高数据资产收益估算的准确性，可按照业务条线归口对不同模型进一步细分。营销类和运营类模型涉及产品销售收入和资产管理收益增加，主要应用于零售条线、对公条线、同业及金融市场条线。各条线中，新客营销、交叉营销和向上营销均会促进客户数量或客均收益的增长。风险管理类模型主要应用于风险条线，重点作用于贷款前后的风险管控。对于贷款前有效拒绝高风险贷款而降低的违约损失、贷款后监控违约情况及时催收而降低的不良损失，以及贷款审批效率提高而降低的人工成本，均可纳入风控模型的增量收益测算。

2. 增量收益测算（增量收益法）

根据模型应用前后增量收益的变化，测算模型在收益期限内的增量收益。当业务算法模型投产前后均可获取一定时间跨度的经营数据时，增量收益的预测模型可以较为准确建立。

基于营销类和运营类模型的增量收益测算。通过模型应用前后客户数量变化，结合客均收益计算增量收益。此处，引用Brinson模型[①]，对归属于数据资产的增量收益进行定量测算和分解，并明确增量收益归因，为优化数据资产配置提供决策依据。根据Brinson归因模型原理对增量收益进行拆解，如图5-5所示。以 *Inc1* 和 *Inc2* 分别表示第T年模型投产前后的客均收益，*Num1* 和 *Num2* 表示第T年模型投产前后的客户数量，则第T年数据资产赋能业务的增量收益为：

$$\sigma CFt = Inc2 \times Num2 - Inc1 \times Num1 = \sigma CF1 + \sigma CF2 + \sigma CF3$$

由客户量增长带来的增量收益为：

$$\sigma CF1 = (Num2 - Num1) \times Inc1$$

由客户收益增加带来的增量收益为：

$$\sigma CF2 = (Inc2 - Inc1) \times Num1$$

两者交互效应的增量收益为：

$$\sigma CF3 = (Inc2 - Inc1) \times (Num2 - Num1)$$

通过计算各部分增量收益与总增量收益比值，确定不同因素的增量收益贡献。其中，*σCF1* 为促进新客增长的增量收益贡献，*σCF2* 为客户激活的增量收益贡献。当 *σCF1* 占比较高时，则数据资产支持新客

[①] Brinson模型是一种基金资产配置模型，源于Brinson和Fachler（1985）所著文章 "Measuring Non-US Equity Portfolio Performance"，模型基于投资组合的回报分解，将投资总收益划分为资产配置收益、选股收益、交互收益和基准收益。

增长的效果高于客户激活；反之，当σCF2占比较高时，反映出客户激活与老客营销效果较好。

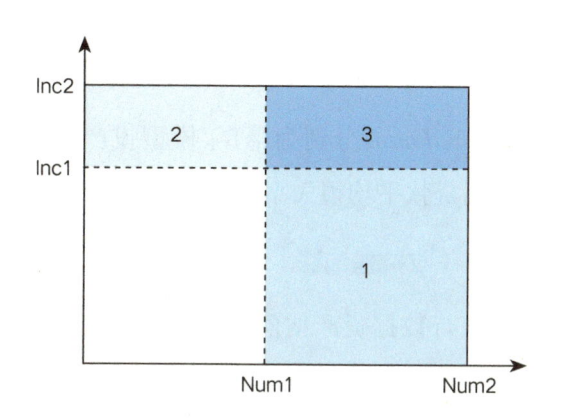

图5-5　营销类和运营类模型增量收益归因分析

基于信用风险管理类模型的增量收益测算。信用风险管理模型的增量收益，主要体现为信贷审批人工成本减少、逾期贷款损失减少和减少逾期贷款再贷出的收益增加。

放贷前，信用风险模型的价值主要体现在拒绝高风险贷款产生的损失减少和信贷审批人工成本减少。其中，拒贷损失减少为模型应用后拒绝高风险贷款所规避的经济损失值，可按拒贷金额和平均损失率计算；人工成本减少量可基于审批效率提高程度和信贷审批成本换算。则贷前增量收益σCF1的计算公式为：

$$\sigma CF1 = LaborC \times \Delta E + (RefLoan2 - RefLoan1) \times P_{Loss1}$$

其中，*LaborC*表示信贷审批人工成本，*ΔE*为审批效率提高程度，*RefLoan1*和*RefLoan2*分别为模型应用前后在第T年的拒绝高风险贷款总额，P_{Loss1}为拒绝贷款平均损失率。

放贷后，信用风险模型的价值主要为贷后风险规避或压降导致的损失减少、减少的逾期贷款再贷出的收益增加。模型通过动态、持续识别贷后风险来源、程度和范围，进行相匹配的贷后管理和催收工作，降低客户违约率，压降信贷风险损失。贷后风险管控模型的增量收益$\sigma CF2$的计算公式为：

$$\sigma CF2 = (OLoan2 - OLoan1) \times P_{Loss2} + (OLoan2 - OLoan1) \times \Delta R$$

其中，$OLoan1$和$OLoan2$分别为第T年模型投产前后预计的逾期贷款总额，P_{Loss2}为逾期贷款平均损失率，ΔR为平均利差。

3. 增量收益测算（收益提成法）

以收益提成法进行数据资产估值时，需要通过对业务算法模型的增量收益折现，来评估模型创造的价值。当业务模型建设处于起步期，使用增量收益法缺乏数据基础，不能获得足够时间跨度的数据以建立预测模型。此时，适用收益提成法进行增量收益测算。

收益提成法需要明确数据资产的收益贡献率。对于传统资产而言，其收入贡献比率在大量实践中已有标准，且通常为行业较为认可的经验值，例如技术专利在石油化工行业的销售收入分成比率约为0.5%~2.0%。但对大部分行业的数据资产而言，其对收入贡献尚未经过实践论证。由于企业间数字化水平参差不齐，数据资产的价值创造贡献差异较大，需要根据分成率的基本原理进行测算。根据业务部门开展业务活动时对数据资产的应用，利用专家经验和统计方法，将定性描述定量化处理为分成率指标。常用的方式是，使用专家经验法结合层次分析法评估各类资产支持业务开展的价值权重，进而结合总体收益计算归属于数据资产的收益。

（四）数据资产价值评估

1. 评估方法的选择

中国资产评估协会在2019年发布《资产评估专家指引第9号——数

据资产评估》，供资产评估机构及资产评估专业人员执行数据资产评估业务时参考，同时为各行业数据资产估值提供了重要指引。2023年9月，中国资产评估协会进一步印发了《数据资产评估指导意见》，对数据资产的评估对象、操作要求、评估方法、披露要求等进行了详细规定，并指出数据资产价值的评估方法包括收益法、成本法和市场法三种基本方法及其衍生方法。

由于数据资产判定中，已对数据资产收益进行分析测算，此处推荐以收益法评估数据资产价值，以反映数据资产创造的经济效益，同时有助于数据资产的投产效率分析。其他两种方法详细分析，可参见恒丰银行在2023年发布的《商业银行数据资产估值研究与入表探索白皮书》。

2. 采用收益法估算数据资产价值

采用收益法对数据资产的业务价值进行评估，首先需要将数据资产按照业务领域进行划分，兼顾不同业务决策与业务价值关联，定位价值产生来源，以合理设计估值的底层指标体系。收益法所涉及的估值参数主要包括数据资产收益、合理的折现率、匹配的收益期。该方法对业务价值较高的数据资产具有较强的适用性，估值公式为：

$$P=\sum_{t=1}^{n}\frac{\sigma CF_t}{(1+i)^t}$$

其中，σCF_t为未来第t个收益期的数据资产收益额，测算过程见上文"（三）数据资产收益测算"；i为数据资产适用的折现率；n为数据资产收益年限。

3. 收益法中折现率的计算

使用收益法对数据资产业务价值评估时，需要确定合理的折现率。折现率指可以将未来有限期内的数据资产收益折算成现值的比率，受到资金成本、期限长度及数据风险等因素影响，是数据资产估值的重要参数。在折现率的确定过程中，需要根据数据资产应用过程中的管理风险、流通风险、安全风险、监管风险等因素进行估算，并确保折现率口径与预期收益口径一致。

目前，对数据资产折现率的确定主要分为三种计量方式：风险累加利率法、加权平均资本成本法、回报率拆分法。其中，风险累加利率法可以综合考量数据资产的各类风险因素，成为折现率的重要估算方法，具体公式为：

$$折现率 I = 无风险报酬率 Rf + 风险报酬率 Rp$$

其中，无风险报酬率是对资金时间价值的补偿，通常以国债在评估基准日的到期收益率作为替代指标。风险报酬率为数据资产的风险溢价补偿，主要由数据管理风险、安全风险、流通风险、监管风险和法律风险五个维度构成。根据评估师经验，每个风险维度取值可设定为10%，各风险系数确定如表5-3所示。其中，每个维度的风险因素总权重值为1，各维度内权重的分配根据对风险因素造成的影响程度和损失产生的可能性进行判断，风险越高则分配的权重越高。各维度内的风险细项根据风险程度从高到低列举，取值参考该因素权重及风险程度进行评定，各项风险权重与风险取值可根据所在行业及企业的具体情况进行调整。

表5-3 数据资产风险报酬率取值说明

数据资产管理风险					
序号	因素	权重	状况描述	取值说明	分值
1	技术管理风险	0.3	技术环境复杂多变,导致管理失误和资源损失	业务、技术不成熟或复杂,技术管理和投入要求很高(30);业务、技术稳定、复杂,技术投入要求较高(20);业务、技术成熟统一,技术管理投入要求一般(10)。	××
2	数据管理风险	0.3	缺乏数据管理,数据可靠和可用性不足	未建立数据管理体系(30);建立数据管理体系,数据基本可靠、可用(20);进行数据管理,数据有较高可靠、可用性(10)。	××
3	合规管理风险	0.2	合规体系不健全,引发数据资产安全合规问题	制度建设不健全,缺乏合规管控机制(20);制度建设健全,有相关合规管控机制(10)。	××
4	物理资产管理风险	0.1	资产管理不当,导致资产硬件丢失、损坏等	设备损坏,无法恢复(20);设备不存在丢失、损坏事件(10)。	××
5	应急管理风险	0.1	突发事件不当管理导致数据资产安全合规受损	不存在应急预案(20);存在应急预案(10)。	××
				管理风险分值(举例说明)	16
				管理风险报酬率(举例说明)	1.60%
数据资产安全风险					
序号	因素	权重	状况描述	取值说明	分值
1	数据泄露风险	0.3	数据泄露,数据被恶意获取、转移和发布,造成影响和损失	数据泄露影响国家数据安全并造成严重损失(50);数据泄露造成广泛社会影响和损失(40);数据泄露影响企业声誉并造成损失(30);数据泄露有一定影响但无损失(20)。	××
2	非法访问风险	0.3	非法访问、窃取和破坏而丧失数据的控制并造成损失	非法访问丧失数据的控制并造成损失(30);非法访问影响控制权并造成损失(20);发生非法访问基本不影响数据的控制权不造成损失(10)。	××
3	数据篡改风险	0.2	数据被破坏、新增、删改造成的影响和损失	数据篡改对数据资产造成重大影响和损失(30);数据篡改造成较小影响和损失(20);数据篡改基本没有影响和无损失(10)。	××

续表

4	数据滥用风险	0.2	数据超范围、超用途、超时间使用	未遵循最小目的原则，广泛存在数据滥用（30）；遵循最小目的原则，不易发生数据滥用（20）；严格遵循最小目的原则，基本不存在数据滥用（10）。	××
	数据安全风险分值（举例说明）				25
	数据安全风险报酬率（举例说明）				2.50%
数据资产流通风险					
序号	因素	权重	状况描述	取值说明	分值
1	流通平台风险	0.4	流通平台基础设施不可信，公信机制不可信	流通平台基础设施、公信机制不可信（40）；流通平台基础设施、公信机制未发现不可信情况（30）；流通平台基础设施、公信机制基本可信（20）；流通平台基础设施、公信机制可信（10）。	××
2	流通数据风险	0.4	流通数据来源不可信，流通模型不可信	流通数据来源、流通模型不可信（40）；流通数据来源、流通模型未发现不可信情况（30）；流通数据来源、流通模型基本可信（20）；流通数据来源可信，流通模型可信（10）。	××
3	流通行为风险	0.2	用户身份、数据流转行为、数据加工使用行为不可控	用户身份、数据流转行为、数据加工使用行为不可控（20）；用户身份、数据流转行为、数据加工使用行为可控（10）。	××
	流通风险分值（举例说明）				18
	流通风险报酬率（举例说明）				1.80%
数据资产监管风险					
序号	因素	权重	状况描述	取值说明	分值
1	监管政策风险	0.4	政策或行业标准不成熟	政策或行业标准初期（40）；政策或行业标准发展期（30）；政策或行业标准较成熟（20）；政策或行业标准成熟（10）。	××

续表

2	监管处罚风险	0.5	出现违规事项后会处罚较严重	出现违规事项后处罚严重（50）；出现违规事项后处罚较严重（25）；出现违规事项后处罚较轻（10）。	××
3	监管密集风险	0.1	涉及多方监管导致监管风险	涉及多方执法监管机构（10）；涉及个别执法监管机构（5）。	××
			监管风险分值（举例说明）		38
			监管风险报酬率（举例说明）		3.80%

数据资产法律风险					
序号	因素	权重	状况描述	取值说明	分值
1	数据违法风险	0.5	涉及重要、敏感和复杂数据权属的数据资产面临更大的个人数据保护和数据安全违法风险	涉及数据跨境，涉及共同或授权处理数据，涉及重要、敏感数据（50）；不涉及数据跨境，涉及共同或授权处理数据，涉及重要、敏感数据（40）；不涉及数据跨境，不涉及共同或授权处理数据，涉及重要、敏感数据（30）；不涉及数据跨境，不涉及共同或授权处理数据，不涉及重要、敏感数据（20）。	××
2	合同违法风险	0.3	合同存在漏洞，合同违约	收到相关法律诉讼，缺乏专业管理（30）；未发生诉讼，无专业管理（20）；未发生诉讼，有专业管理（10）。	××
3	知识产权违法风险	0.2	数据资产存在侵权，缺少知识产权保护	数据资产存在侵权问题（40）；未发生侵权，但也未申请知识产权（25）；未发生侵权，且申请了知识产权（10）。	××
			法律风险分值（举例说明）		23
			法律风险报酬率（举例说明）		2.30%

如果设定估值基准日为2024年8月末，则可以取2024年8月30日五年期国债收益率作为无风险报酬率，折现率测算见表5-4。

103

表5-4 数据资产折现率的构成

折现率构成项		报酬率（%）
无风险报酬率Rf		1.87
风险报酬率Rp	管理风险报酬率	1.60
	安全风险报酬率	2.50
	流通风险报酬率	1.80
	监管风险报酬率	3.80
	法律风险报酬率	2.30
收益法折现率I		13.87

4. 收益法中折现期的确定

数据资产的折现期取决于数据资产能够发挥经济效益的期限，主要受数据资产功能寿命、合同约定期限、相关法律法规约束等因素的影响，收益期限不可超出产品或服务的合理收益期。数据资产合理收益期限的确定，可借鉴无形资产收益年限的确定方法。

一是法定年限法。针对外部交易的数据资产，如果合同对其应用年限进行了明确，则该数据资产的收益年限可以随之确定。

二是更新周期法。根据同类数据资产被替代的时间确定收益期限。在企业中，不同数据模型的业务应用周期存在较大差别，如风控类模型等周期相对较长，营销类模型则相对较短。伴随着软件维护与升级，一般业务模型应用周期为3~5年。

三是剩余经济寿命预测法。综合考量待评估数据资产的生命周期、可替代性、更新趋势等，参考专家打分法作出评估。

综合对比以上方法，数据资产估值折现期的确定，以更新周期法为主，按照不同业务场景中数据模型的使用期限扣减已投产年限，作为剩余收益期。对不能确定使用期限的数据模型，则按照剩余经济寿命预测法进行确定。对无明确使用期限且经济寿命不易预测的数据模型，可根据所部署主系统的使用年限进行确定。

六、数据资产成本计量与分摊

（一）数据资产成本核算范围

数据资产成本的可靠计量是入表的基础。关于数据资产成本的归集与分摊，主要参照无形资产和存货的成本核算方式，区分"外购数据资产"和"自行开发数据资产"等情况，综合考量形成过程中必要的成本构成。

对于确认为无形资产的数据资源，以外购方式取得时，其成本核算范围包括：购买价款、相关税费，直接归属于该项无形资产达到预定用途所发生的数据脱敏、清洗、标注、整合、分析、可视化等加工过程所发生的有关支出，以及数据权属鉴证、质量评估、登记结算、安全管理等费用。对于购买后需加工再应用的数据资产，在取得数据时，应先按照实际支付价款入账，之后的加工和研发过程，直接归属于使该项无形资产达到预定用途所发生的数据加工处理过程所发生的有关支出应转入数据资产相关科目。企业自行研发取得确认为无形资产的数据资源，成本核算需要区分研究阶段支出与开发阶段支出分别计量。

对于确认为存货的数据资源，一是企业通过外购方式取得确认为存货的数据资源，其采购成本包括购买价款、相关税费、保险费，以及数据权属鉴证、质量评估、登记结算、安全管理等所发生的其他可归属于存货采购成本的费用。二是企业通过数据加工取得确认为存货的数据资源，其成本包括采购成本，数据采集、脱敏、清洗、标注、整合、分析、可视化等加工成本和使存货达到目前场所和状态所发生的其他支出。

（二）资本化与费用化的划分

考虑到企业数据资产主要形成方式为自行研发，且流程复杂，涉及的成本项较多，本节内容以企业自行研发的数据资产（数据产品）为例，进行成本计量分析（见图5-6）。

对于企业自行研发、服务内部运营的数据资产作为无形资产入表核算，需要严格遵循企业会计准则中无形资产研究开发支出的费用化、资本化相关规定，同时结合《暂行规定》的具体要求，充分考虑数据资产的实际情况和业务实质，做出合理的职业判断，以确保会计处理的准确性和合规性。

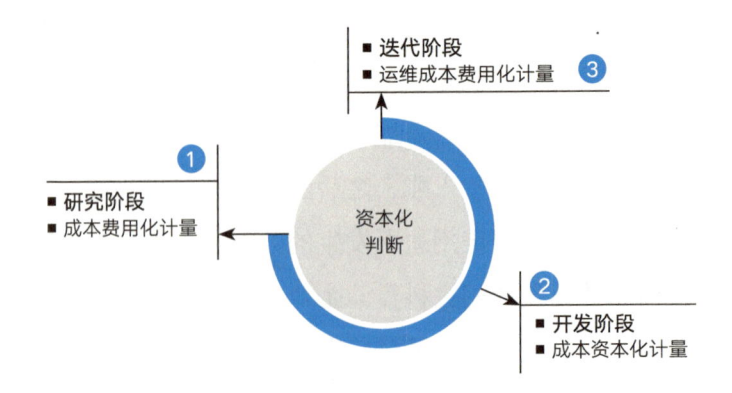

图5-6 数据资产成本计量的阶段划分

研究阶段的成本费用化计量。在数据资产的研发过程中,研究阶段通常涉及大量数据收集、整理和分析等调研探索工作,在该阶段需要对数据的潜在价值进行评估,包括数据质量、数据来源和加工过程的合法合规性、数据使用场景以及潜在用途等。由于研究阶段的不确定性较高,数据资产开发成功的可能性处于未知状态,其能否为企业带来经济利益尚不确定。将该阶段的支出费用化计量,有助于企业真实反映其财务状况,避免资产负债表的资产高估。

开发阶段符合条件的成本资本化计量。根据会计准则,开发阶段的支出在满足一定条件后可以资本化计量,包括具有技术可行性、完成开发并使用或出售的意图、经济利益可实现性、足够的资源支持以及成本支出可计量等。企业通过对数据的深入加工分析及可视化,将数据资源转化为可商业化的产品或服务。在该阶段,数据资产满足资本化的判定条件能够较为准确识别,企业需要建立内部控制和成本核算体系,确保与数据资产开发相关的支出被准确记录和计量。

迭代阶段的运维成本费用化计量。迭代阶段是数据资产开发完成并投入使用后,根据市场反馈和技术进步对数据资产进行持续改进和升级的过程,这一阶段直接关系到客户服务的质量、风险管理的效能以及竞争优势的维持。此阶段发生的成本不再是使数据资产达到可使用状态所发生的必要成本,主要目的在于数据资产持续发挥经济效益,避免大幅度贬值。因此,该阶段成本支出需要进行费用化计量。需要注意的是,对于数据资产迭代阶段增加数据利用率、提高产品效能的较大规模的更新投入,满足资本化条件的,可计入数据资产成本。

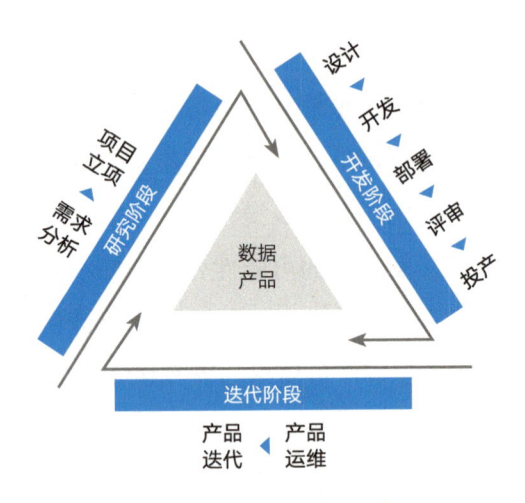

图5-7 数据产品研发主要环节

在实务中，也会面临研究阶段和开发阶段难以区分的情形，企业可以根据具体进展或专业判断来区分这两个阶段，如图5-7所示。为了确保准确性，企业需要建立明确的项目管理体系和内部控制流程，包括项目计划、里程碑设定、成果评估等。例如，研究阶段主要包括数据产品的业务需求分析和项目立项等前置环节，开发阶段涉及数据产品设计、开发、调优、部署、评审和投产等开发环节；进入投产后，需要持续进行产品维护和运营。在开发工作开始后，满足资本化判定条件的成本支出计入数据资产的初始价值；若当前时点无法明确所属阶段，则可根据数据产品生命周期里程碑判断。而对于数据产品是否开发均会涉及的成本进行费用化计量，对于数据产品开发新增成本进行资本化计量。

在数据资产成本计量的执行层面，可由金融科技部门与数据资源部门按照研发分工，与业务部门高效协同，对数据资产的直接成本进行归集、间接成本进行分摊。

（三）直接成本归集

直接成本是指可以直接追溯到特定数据产品开发项目的成本，例如数据采购成本、存储成本，以及直接参与模型开发的人员薪酬等。这些成本通常与数据产品研发的实施有直接关联。

数据引入成本。数据产品开发需要获取高质量的数据资源，主要涉及企业日常运营产生的业务数据、采购的外部数据和采集的公开数据。在直接成本计量中，归属于模型构建的专属数据获取成本，例如采购数据的购买价款和相关税费、数据获取的合规审查费用，以及数据预处理费用，需要纳入数据资产成本计量。

模型开发成本。数据产品的核心是数据分析模型或算法开发，相关成本主要包括模型构建的人力成本、专属的软硬件成本，以及模型测试和验证等相关成本。在归集这些直接成本时，可以通过建立成本归集系统，确保研发过程中的成本支出能被准确地记录和分配到相应的数据资产项目中。

例如，在数据产品研发过程中，人力成本是总成本的重要组成部分，为了确保准确性和可追溯性，企业可采用报工系统进行归集和统计，通过详细记录开发工作时长、工作内容、关联项目等信息，为人力成本核算提供可靠依据，如表5–5所示。

表5–5 人力成本核算报工信息

报工编号	报工人	报工日期	归属部门	项目/任务所属室	审批人
××	AA	如2024-5-22	××部门（如数据资源部）	××业务室（如数据应用研发室）	BB（如研发项目经理）
工时（小时）	数据产品研发项目	应用研发需求任务	关联财务立项名称	关联财务立项编号	工作内容
当日工时（如8小时）	××数据产品开发项目	数据产品开发生成的需求任务	××	××	（分条详细列明工作内容）

模型部署成本。数据产品开发完成后，需要在IT系统中进行部署。这涉及硬件采购、软件安装、系统集成和调试等成本。此外，为了确保系统的稳定运行，还可能涉及系统维护和升级成本。这些成本是使数据产品达到可使用状态之前的必要成本支出，需要纳入数据资产的初始成本计量。

（四）间接成本分摊

除了直接成本外，数据产品开发过程中会产生间接成本。由于间接成本不能直接追溯到特定项目，如企业共用的IT基础设施的维护成本、数据治理成本、计算成本和安全成本以及数据分析成本等，需要以合理的分摊方法在其所服务项目之间进行分配。通常基于成本驱动因素来构建分摊标准，如人工工时、资源使用时间或频率、不同项目对资源的依赖程度，并确保分摊方法的一致性、公平性和透明性。以下举例说明（见图5-8）。

基础设施运维成本的分摊。IT基础设施的运维成本往往与多个数据产品和业务流程相关，因此需要基于使用量、资源消耗或服务受益等动因进行分摊。例如，某个数据产品开发过程中，可依据存储资源或网络带宽进行运维成本分摊。

数据治理成本的分摊。数据治理成本的分摊可基于数据产品开发过程中对数据治理需求的强度进行，当数据越敏感或数据治理要求越严格，则需要分配更高的治理成本。在这个过程中，企业需要评估数据治理的复杂性和风险水平。

数据计算成本的分摊。计算成本涉及执行数据分析、报告生成和机器学习等任务所需的计算资源费用，其成本分摊可以根据各数据产品的计算负载、处理时间或资源占用率进行。

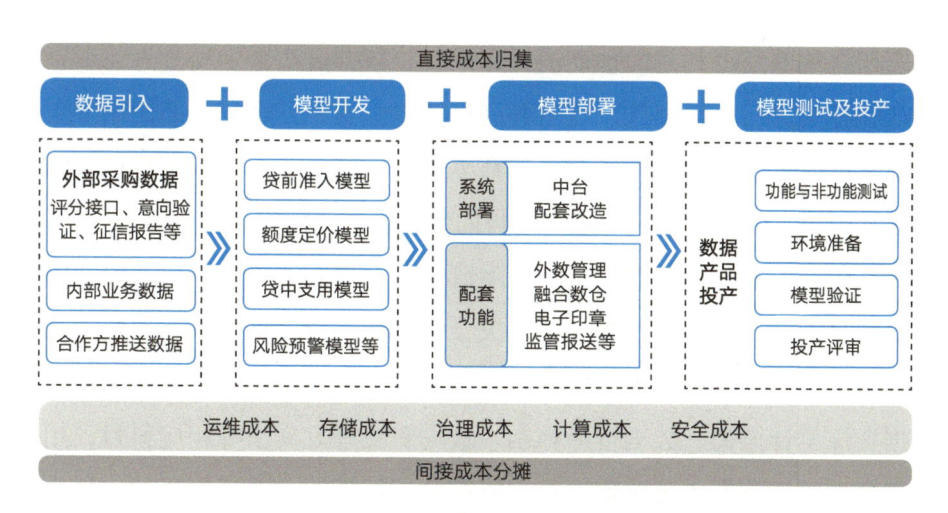

图5-8 数据产品成本的计量与分摊（以信贷数据产品为例）

七、数据资产列报与披露

为了向报表使用者提供决策信息，对于符合资产确认要求的数据资源，企业需要按照会计准则和《暂行规定》要求，在财务报表中进行列报与披露，并在财务报告附注部分详细说明数据资产来源、类别、摊销年限及方法、减值理由等相关信息。同时，需要注意在不同会计期间采用同一标准披露信息，保证数据资产列报和披露的可比性。

（一）数据资产科目设置

企业根据数据资产的持有目的、形成方式、业务模式以及与数据资产有关的经济利益的预期消耗方式，将数据资产分别划分为无形资产和存货进行会计确认、计量和列报披露。其中，企业内部使用的数据资产或者用于对外提供服务的数据资产，应确认为无形资产；日常活动中持有的、最终目的用于销售的数据资产，应确认为存货。

在实务中，需要结合业务实际情况增设报表子项目，数据资产的会计分录参照无形资产和存货相关会计核算执行。除了在无形资产和存货项目下设置"其中：数据资源"外，还应设置数据资源原值、数据资源累计摊销、数据资源摊销、数据资源开发支出等相应科目，用于列报数据资产入表价值、数据资产的摊销额等，保证列报的完整性和透明性。

对于数据资产相关科目的具体列示位置，遵循资产负债表"流动列前"的原则，根据数据资产的变现能力与变现速度，按照流动性由强到弱的顺序列示，从而便于报表使用者判断企业的经营压力和偿债能力。

（二）财务系统适配性改造

为了自动化处理和便捷记录数据资产相关事项，企业往往需要进行财务系统的收支项目改造，便于各会计科目结果的自动化归集和列示。一是根据会计科目分类，将入表涉及的财务信息完整录入财务系统；二是按照入表方案进行科目映射，确保相关财务信息被准确分类；三是对相关会计科目进行自动化归集和列示。

（三）数据资产列报方法

1. 初始计量

数据资产在列报时，需要按照资本化计量金额（详见第五章第六部分 数据资产成本计量与分摊），区分"外购的数据资源无形资产/

存货""自行开发/加工的数据资源无形资产/存货"或"其他方式取得的数据资源无形资产/存货"三类情况进行列报。

2. 摊销和减值

对于企业取得确认为无形资产的数据资源，需要分析判断其使用寿命，数据资产的使用寿命为有限的，估计该使用寿命年限，一般取值为3~5年；无法预见数据资产带来经济利益期限的，视为使用寿命不确定的数据资产。

使用寿命有限的数据资产，需要在使用寿命内系统合理摊销。企业摊销数据资产应自数据资产可供使用时起，至不再作为数据资产确认时止，选择的数据资产摊销方法，应反映与该项数据资产有关的经济利益的预期实现方式，包括直线法、加速折旧法等。无法确定预期实现方式的，则采用直线法摊销。数据资产的摊销金额一般计入当期损益，其他会计准则另有规定的除外。

数据资产的摊销金额为其成本扣除预计残值后的金额。已计提减值准备的数据资产，还需要扣除已计提的数据资产减值准备累计金额。使用寿命有限的数据资产，其残值视为零，但下列情况除外：由第三方承诺在数据资产使用寿命结束时购买该数据资产；可以根据活跃市场得到预计残值信息，并且该市场在数据资产使用寿命结束时很可能存在。使用寿命不确定的数据资产不应摊销。

在每年年末，对使用寿命有限的数据资产的使用寿命及摊销方法进行复核，数据资产的使用寿命及摊销方法与以前估计不同的，需要改变摊销期限和摊销方法。对使用寿命不确定的数据资产的使用寿命进行复核，如果有证据表明数据资产的使用寿命是有限的，则估计其使用寿命，并进行相应会计处理。

当数据资产出现减值迹象时，根据《企业会计准则第8号——资产减值》处理，按期逐项进行检查，进行减值测试，对符合减值条件的，计提减值准备。

3. 处置和报废

企业需要定期开展数据资产检视工作，检查数据资产有无不符合资产相关定义或要求的情况，并将问题数据资产及时报告至相关管理部门。对于不再符合数据资产定义的，需要进行处置，包括但不限于按照国家法律法规、监管机构要求需清理的数据资产，应客户要求需清理的数据资产，因业务变化、系统改造等原因需清理的数据资产，因超过预定保存期限需清理的数据资产，经认定为错误或造假需要更正的数据资产等。

当数据资产出售时，将取得的价款与该数据资产账面价值的差额计入当期损益。数据资产预期不能带来经济利益的，应当将账面价值予以转销。

（四）数据资产披露事项

仅在财务报表中列示数据资产相关的金额，无法全面展示数据资产相关信息。为了让报表使用者充分了解企业的财务情况，企业还应在附注中披露数据资产的相关情况。根据《暂行规定》，数据资产披露事项可分为强制披露事项和自愿披露事项。

1. 强制披露事项

对于确认为无形资产的数据资源，企业应当按照外购、自行开发等类别，对相关会计信息进行披露，包括：数据资源无形资产使用寿命的估计情况及摊销方法；对于使用寿命不确定的数据资源无形资产，应当披露其账面价值及使用寿命不确定的判断依据；按照《企业会计准则第28号——会计政策、会计估计变更和差错更正》（财会〔2006〕3号）的规定，披露对数据资源无形资产的摊销期、摊销方法或残值的变更内容、原因以及对当期和未来期间的影响；披露所有权或使用权受到限制的数据资源无形资产，以及用于担保的数据资源无形资产的账面价值、当期摊销额等情况；披露计入当期损益和确认为无形资产的数据资源研究开发支出金额；单独披露对企业财务报表具有重要影响的单项数据资源无形资产的内容、账面价值和剩余摊销期限。按照《企业会计准则第8号——资产减值》（财会〔2006〕3号）等规定，披露与数据资源无形资产减值有关的信息。按照《企业会计准则第42号——持有待售的非流动资产、处置组和终止经营》（财会〔2017〕13号）等规定，披露划分为持有待售类别的数据资源无形资产有关信息。

对于确认为存货的数据资源，企业应当按照外购、自行加工等类别，对相关会计信息进行披露，包括：确定数据资源存货成本所采用的方法；数据资源存货可变现净值的确定依据、存货跌价准备的计提方法、当期计提的存货跌价准备的金额、当期转回的存货跌价准备的金额，以及计提和转回的有关情况；单独披露对企业财务报表具有重要影响的单项数据资源存货的内容、账面价值和可变现净值；所有权或使用权受到限制的数据资源存货，以及用于担保的数据资源存货的账面价值等情况。

企业应当披露重要数据资源的评估信息。企业对数据资源进行评估且评估结果对企业财务报表具有重要影响的，应当披露评估依据的信息来源，评估结论成立的假设前提和限制条件，评估方法的选择，各重要参数的来源、分析、比较与测算过程等信息。例如，对于通过投资者投入、非货币性资产交换、债务重组、政府补助和企业合并等渠道取得的数据资产，企业确定其成本的方法等。

2. 自愿披露事项

为了在财务报告中充分展示数据潜力，企业可以根据实际情况，自愿披露数据资源（含未作为无形资产或存货确认的数据资源）下列八项相关信息。

一是数据资源的应用场景或业务模式、对企业创造价值的影响方式，与数据资源应用场景相关的宏观经济和行业领域前景等。二是用于形成相关数据资源的原始数据的类型、规模、来源、权属、质量等信息。三是数据资源的加工维护和安全保护情况，以及相关人才、关键技术等的持有和投入情况。四是数据资源的应用情况，包括数据资源相关产品或服务等的运营应用、作价出资、流通交易、服务计费方式等情况。五是重大交易事项中涉及的数据资源对该交易事项的影响及风险分析，重大交易事项包括但不限于企业的经营活动、投融资活动、质押融资、关联方及关联交易、承诺事项、或有事项、债务重组、资产置换等。六是数据资源相关权利的失效情况及失效事由、对企业的影响及风险分析等，如数据资源已确认为资产的，还包括相关资产的账面原值及累计摊销、减值准备或跌价准备、失效部分的会计处理。七是数据资源转让、许可或应用所涉及的地域限制、领域限制及法律法规限制等权利限制。八是企业认为有必要披露的其他数据资源相关信息。

（五）配套制度制定

为加强数据资产管理，推动数据资产应用，常态化落实数据资产入表相关要求，确保会计核算工作的合规，企业需要制定数据资产入表的配套管理制度，对数据资产的定义、相关组织职责、业务流程、会计核算办法、披露内容等进行明确规定，确保数据资产在财务报表中得到恰当核算，也为后续常态化数据资产入表奠定坚实基础。同时，相关人员需要密切关注经济环境、监管规定及会计准则的变化，以便及时更新调整细则内容，确保先进性与实用性。

第六章
建议与展望

数据作为新型生产要素，对劳动力、技术、资本等传统生产要素具有放大、叠加、倍增作用，正推动着生产方式、生活方式和治理方式深度变革，数据资产化成为当前及未来经济社会发展的重要趋势。数据资产入表不仅是会计理论与实践的革新，更是推动企业数字化转型与战略决策的关键一环。目前，数据资产入表尚处于实践初期，需要多方发力，共同推进数据资产会计核算与计量的科学发展。

一、持续完善政策法规

（一）持续推进顶层制度落地

"数据二十条"提出要构建数据产权制度、数据要素流通和交易制度、数据要素收益分配制度、数据要素治理制度四大类基础制度，明确了未来政策布局的方向。在此政策引领下，我国数据资产化的探索已经展开，但由于数据权属、评估定价、收益分配等在落地实施层面仍缺乏细化指引，数据资产化发展面临诸多挑战，需要诸多实施细则加以具体指导。

例如，数据产权制度是数据资产权属判定的根基，目前国家出台了一系列制度、方案、措施推进数据产权制度建设，在一定程度上促进了数据要素的合法获取、流通共享和开发利用，并提出要建立数据产权的结构性分置制度，建立数据资源持有权、数据加工使用权、数据产品经营权"三权分置"的产权运行机制。然而对于"三权分置"

的制度模式，目前还有待法律和具体规范进行细化落实。未来，随着数据产权、流通交易、收益分配、安全治理等领域实施细则的陆续出台，我国数据要素市场将会从"自主探索"走向"有据可依"。

（二）优化会计理论适配时代发展

数据资产作为一种新型资产，由于其可复制性、衍生性、价值易变性等特点，与传统会计准则中的资产存在显著差异，数据资产的价值往往与其质量、应用场景、稀缺性、时效性等多种因素相关，而非仅仅取决于其获取成本，这使得数据资产账面价值与真实的经济价值严重脱节。数据资产入表对现行会计准则提出了多方面的挑战，为了应对这些挑战，需要不断完善会计理论、相关标准和法规体系，推动数据资产管理和披露的标准化和规范化。

国际会计准则理事会（IASB）、美国财务会计准则委员会（FASB）等会计标准制定机构正积极探索数据资产的会计处理和披露方式，力求为数据资产入表提供科学、合理的指导。财政部印发的《暂行规定》对企业数据资源会计处理适用的准则及列示和披露要求进行了明确，为企业数据资产入表提供了指引。未来，随着会计理论和标准的不断创新和完善，数据资产入表将更加规范、透明，更为客观地反映数据资产经济价值，从而更有效地激发企业对数据开发利用的内生动力。

（三）加大数据立法的国际合作

随着数字经济的深入发展，数据权益保护成为世界各国普遍关注和亟待解决的问题，在大数据立法领域加强国际交流与合作，是应对全球化挑战、促进数据跨境流动、保护个人隐私、维护国家安全以及推动数字经济健康发展的关键举措。各国政府正加快制定和完善数据保护法律法规，明确数据所有权、使用权、收益权等权益归属，为数据资产入表提供法律保障。例如，欧盟的《通用数据保护条例》（GDPR）为全球数据保护树立了标杆，推动了全球范围内数据保护法律体系的建立和完善。未来，随着更多国家和地区加入数据保护国际合作的行列，数据资产入表将在一个更加规范、有序的法律环境中进行。

二、多方协作构建入表生态体系

（一）加强制度建设和市场监管引导

一方面，政府部门需要在制度建设方面发挥主要作用，为数据资产化、数据资产规范入表提供制度基础和政策环境。同时应结合数据生成的具体场景，建立数据确权和授权机制，确保数据主体的相关权益得到尊重和保护。政府积极鼓励和引导数据交易中心、数据评估中心、数据监管平台等机构建设和发展，为数据资产入表提供技术支持和基础设施保障。另一方面，政府通过多种措施鼓励市场主体、社会力量积极参与数据要素市场建设，构建多层次数据市场体系，探索数据价格的发现机制。这包括原始数据资源市场、数据要素市场和数据产品及服务市场，通过不同层级的市场协同，使数据价值能在不同层面和场景下得到评估和验证。同时，要持续加强对数据市场的监管，确保数据交易的真实性和合法性，防止数据滥用和不正当竞争。

（二）推动标准制定和交流合作

建议行业协会等团体组织制定数据资产入表的操作规范和流程，确保数据资产入表的准确性和合规性，降低企业在数据资产入表过程中的风险和成本。可以着重推动四方面的建设：一是通过制定实施细则或行业自律规范，明确企业在数据资产入表过程中的责任和义务，规范企业的行为，维护行业的良好秩序，保障数据资产入表的公平性和公正性；二是加强组织各类论坛、研讨会等活动，为企业提供一个交流数据资产入表经验和技术的平台，企业可以分享成功案例、探讨面临的问题和挑战，共同推动数据资产入表技术的发展；三是推动设立专门的咨询机构或团队，为企业提供数据资产入表的咨询服务，解答企业在数据资产入表过程中遇到的问题和困惑，提供针对性的解决方案和建议；四是加强对数据资产入表过程的指导和监管，通过定期检查和评估，确保企业按照规定的流程和标准开展数据资产入表工作，防止数据资产泡沫和违规操作的发生。

（三）强化数据治理与共享利用

通过解读《暂行规定》可以发现，并非所有的数据资源都能被确认为资产进行入表核算，需要加强企业数据治理，夯实数据资产入表的基础。一是开展全面数据盘点。通过全面梳理企业业务系统、采购渠道、社交媒体等内外数据源，明确数据所有权、来源、质量和用途，实现数据的分类与标识。二是开展深度数据治理。利用专业的数据管理工具和技术，进行数据的清洗、整合与标准化处理，提升数据质量，确保数据的准确性、完整性和一致性。同时，建立数据资产目录，对数据资源进行盘点与登记，记录数据的来源、格式、访问权限等信息，形成清晰的数据资产视图。三是制定统一的数据标准与规范。明确数据在采集、存储、处理、共享、销毁等全生命周期各个环节的数据格式、操作规范、质量要求等数据标准和规范，确保数据在整个生命周期中得到有效管理和控制。四是推动数据共享和利用。开展数据分析和挖掘，运用先进的数据分析工具和技术，挖掘数据的潜在价值，将有价值的数据转化为数据产品、数据服务、数据报告等。在此基础上，加强数据安全与隐私保护，实施数据加密、访问控制等措施，确保数据在传输、存储、处理全过程中的安全合规。

三、充分发挥金融功能性作用

（一）积极探索可推广的入表模式

金融业作为数据密集型行业，具有推动数据资产入表的天然优势。一是在长期业务运营中积累了大量的业务数据和市场数据，这些数据资源具有广泛的应用场景和较高的应用价值，可为数据资产入表提供坚实基础。二是拥有先进的信息技术系统和数据处理能力，能够高效地管理和分析海量数据，有助于提升数据资产入表的准确性和时效性。三是作为强监管行业，数据规范性较高，且能够及时了解政策导向和监管要求的变化，从而确保数据资产入表的合规性。基于以上三方面优势，银行等金融企业应积极探索数据资产入表模式，基于实践建立一套切实可行、可复制推广的全流程入表体系，助力数据资产规模化入表。

（二）拓展数据资产入表咨询服务

基于在数据资产入表方面的资源、专业能力、金融服务和市场影响力等优势，金融企业可组建一支由数据分析师、资产评估师、会计师、法律顾问等多领域专家组成的团队，辅助客户开展入表工作，为客户提供政策解读、合规咨询、数据资产评估、入表方案设计、技术支持与实施等全方位咨询服务，负责数据资产入表全流程实施及后续跟踪服务。在此基础上，利用金融专业渠道与业务优势，为客户提供基于数据资产的融资解决方案，如数据资产质押融资、数据资产证券化等，帮助客户盘活数据资产，助力实现价值最大化。

（三）创新开展数据资产融资业务

数据资产入表是对数据要素作为资产发挥价值的合法确认，是实现数据资产化并撬动信贷融资、探索数据资本化的重要路径。已实现数据资产入表的企业，其相关数据资产的投入成本及业务价值能通过列报披露等形式直观反映在财务报表中，更有利于银行信贷人员甄别选择，因此商业银行可将已实现数据资产入表的企业作为重点拓展客群，创新拓展数据资产质押融资业务。一方面构建数据资产质押融资框架，制定涵盖质押登记、价值评估、风险控制、贷款管理等各个环节的数据资产质押流程，根据企业需求和市场情况，设计灵活多样的数据资产质押融资产品，拓展入表企业的融资渠道。另一方面加强生态建设，与各地数据交易所建立合作关系，利用其平台优势进行数据资产的确权、登记、交易和融资，提高融资效率和公信力。同时，与上下游数据商建立紧密合作，共同构建数据资产质押融资的生态系统，实现资源共享和优势互补。

附　录

附录1 数据要素相关的政策梳理

附表1-1

发布时间	发布部门	文件/政策名称	主要内容
2020.4	中共中央 国务院	《关于构建更加完善的要素市场化配置体制机制的意见》	明确了要素市场制度建设的方向及重点改革任务，明确将数据作为一种新型生产要素写入政策文件。提出加快培育数据要素市场，推进政府数据开放共享，提升社会数据资源价值，加强数据资源整合和安全保护。
2021.3	中共中央	《中华人民共和国国民经济和社会发展第十四个五年规划和2035年远景目标纲要》	迎接数字时代，激活数据要素潜能，推进网络强国建设，加快建设数字经济、数字社会、数字政府，以数字化转型整体驱动生产方式、生活方式和治理方式变革。
2021.6	中华人民共和国主席令（第88号）	《中华人民共和国数据安全法》	基于总体国家安全观，将数据主权纳入国家主权范畴，并进一步将数据要素的发展与安全统筹起来，为我国的数字化转型，构建数字经济、数字政府、数字社会提供法治保障。
2021.11	工业和信息化部	《"十四五"大数据产业发展规划》	建立数据价值体系，提升要素配置作用，加快数据要素化，培育数据驱动的产融合作、协同创新等新模式，推动要素数据化，促进数据驱动的传统生产要素合理配置。
2022.1	国务院	《"十四五"数字经济发展规划》	到2025年，数字经济核心产业增加值占GDP比重达到10%，数据要素市场体系初步建立，产业数字化转型迈上新台阶，数字产业化水平显著提升，数字化公共服务更加普惠均等，数字经济治理体系更加完善。
2022.6	国务院	《关于加强数字政府建设的指导意见》	到2025年，与政府治理能力现代化适应的数字政府顶层设计更加完善、统筹协调机制更加健全，政府数字化履职能力、安全保障、制度规则、数据资源、平台支撑等数字政府体系框架基本形成。

续表

发布时间	发布部门	文件/政策名称	主要内容
2022.12	中共中央 国务院	《关于构建数据基础制度更好发挥数据要素作用的意见》(数据二十条)	提出构建数据产权、流通交易、收益分配、安全治理等制度，共计20条政策措施，初步形成我国数据基础制度的"四梁八柱"。
2023.2	中共中央 国务院	《数字中国建设整体布局规划》	构建国家数据管理体制机制，健全各级数据统筹管理机构。推动公共数据汇聚利用，建设公共、卫生、科技、教育等重要领域国家数据资源库。释放商业数据价值潜能，加快建立数据产权制度，开展数据资产计价研究，建立数据要素按价值贡献参与分配机制。
2023.3	中共中央 国务院	《党和国家机构改革方案》	组建国家数据局。负责协调推进数据基础制度建设，统筹数据资源整合共享和开发利用，统筹推进数字中国、数字经济、数字社会规划和建设等，由国家发展和改革委员会管理。将推进数据要素基础制度建设、推进数字基础设施布局建设等职责划入国家数据局。
2023.3	国家知识产权局办公室	《数字经济核心产业分类与国际专利分类参照关系表(2023)》	加强对数字经济核心产业专利规模、结构、质量的统计监测，支撑数字经济创新发展适用于各地方有关部门和社会各界结合实际需要开展相关产业专利统计分析工作。
2023.7	国务院知识产权战略实施工作部际联席会议办公室	《2023年知识产权强国建设纲要和"十四五"规划实施推进计划》	加快数据知识产权保护规则构建，探索数据知识产权登记制度，开展数据知识产权地方试点。
2023.8	财政部	《企业数据资源相关会计处理暂行规定》	明确了企业数据资源的会计处理适用范围、适用的会计准则、相关披露要求以及附则。自2024年1月1日起实施。
2023.12	财政部	《关于加强数据资产管理的指导意见》	提出以促进全体人民共享数字经济红利、充分释放数据资产价值为目标，以推动数据资产合规高效流通使用为主线，有序推进数据资产化，加强数据资产全过程管理，更好发挥数据资产价值。
2024.1	国家数据局等17个部门	《"数据要素×"三年行动计划（2024—2026年）》	重点关注数据应用场景、数据资源供给和数据流通环境，结合十二项"数据要素×"任务，明确发挥数据要素价值的典型场景，推动激活数据要素潜能。

续表

发布时间	发布部门	文件/政策名称	主要内容
2024.5	国家数据局	2024数字中国建设峰会	推动24家数据交易机构发布互认互通倡议，激发数据要素市场活力，提高流通和交易效率。
2024.7	中共中央政治局	《关于进一步全面深化改革、推进中国式现代化的决定》	加快建立数据产权归属认定、市场交易、权益分配、利益保护制度，提升数据安全治理监管能力。

附录2 《企业数据资源相关会计处理暂行规定》

为规范企业数据资源相关会计处理，强化相关会计信息披露，根据《中华人民共和国会计法》和企业会计准则等相关规定，现对企业数据资源的相关会计处理规定如下：

一、关于适用范围

本规定适用于企业按照企业会计准则相关规定确认为无形资产或存货等资产类别的数据资源，以及企业合法拥有或控制的、预期会给企业带来经济利益的、但由于不满足企业会计准则相关资产确认条件而未确认为资产的数据资源的相关会计处理。

二、关于数据资源会计处理适用的准则

企业应当按照企业会计准则相关规定，根据数据资源的持有目的、形成方式、业务模式，以及与数据资源有关的经济利益的预期消耗方式等，对数据资源相关交易和事项进行会计确认、计量和报告。

1. 企业使用的数据资源，符合《企业会计准则第6号——无形资产》（财会〔2006〕3号，以下简称无形资产准则）规定的定义和确认条件的，应当确认为无形资产。

2. 企业应当按照无形资产准则、《〈企业会计准则第6号——无形资产〉应用指南》（财会〔2006〕18号，以下简称无形资产准则应用指南）等规定，对确认为无形资产的数据资源进行初始计量、后续计量、处置和报废等相关会计处理。

其中，企业通过外购方式取得确认为无形资产的数据资源，其成本包括购买价款、相关税费，直接归属于使该项无形资产达到预定用途所发生的数据脱敏、清洗、标注、整合、分析、可视化等加工过程所发生的有关支出，以及数据权属鉴证、质量评估、登记结算、安全管理等费用。企业通过外购方式取得数据采集、脱敏、清洗、标注、整合、分析、可视化等服务所发生的有关支出，不符合无形资产准则规定的无形资产定义和确认条件的，应当根据用途计入当期损益。

企业内部数据资源研究开发项目的支出，应当区分研究阶段支出与开发阶段支出。研究阶段的支出，应当于发生时计入当期损益。开发阶段的支出，满足无形资产准则第九条规定有关条件的，才能确认为无形资产。

企业在对确认为无形资产的数据资源的使用寿命进行估计时，应当考虑无形资产准则应用指南规定的因素，并重点关注数据资源相关业务模式、权利限制、更新频率和时效性、有关产品或技术迭代、同类竞品等因素。

3. 企业在持有确认为无形资产的数据资源期间，利用数据资源对客户提供服务的，应当按照无形资产准则、无形资产准则应用指南等规定，将无形资产的摊销金额计入当期损益或相关资产成本；同时，企业应当按照《企业会计准则第14号——收入》（财会〔2017〕22号，以下简称收入准则）等规定确认相关收入。

除上述情形外，企业利用数据资源对客户提供服务的，应当按照收入准则等规定确认相关收入，符合有关条件的应当确认合同履约成本。

4. 企业日常活动中持有、最终目的用于出售的数据资源，符合《企业会计准则第1号——存货》（财会〔2006〕3号，以下简称存货准则）规定的定义和确认条件的，应当确认为存货。

5. 企业应当按照存货准则、《〈企业会计准则第1号——存货〉应用指南》（财会〔2006〕18号）等规定，对确认为存货的数据资源进行初始计量、后续计量等相关会计处理。

其中，企业通过外购方式取得确认为存货的数据资源，其采购成本包括购买价款、相关税费、保险费，以及数据权属鉴证、质量评估、登记结算、安全管理等所发生的其他可归属于存货采购成本的费用。企业通过数据加工取得确认为存货的数据资源，其成本包括采购成本，数据采集、脱敏、清洗、标注、整合、分析、可视化等加工成本和使存货达到目前场所和状态所发生的其他支出。

6. 企业出售确认为存货的数据资源，应当按照存货准则将其成本结转为当期损益；同时，企业应当按照收入准则等规定确认相关收入。

7. 企业出售未确认为资产的数据资源，应当按照收入准则等规定确认相关收入。

三、关于列示和披露要求

（一）资产负债表相关列示。

企业在编制资产负债表时，应当根据重要性原则并结合本企业的实际情况，在"存货"项目下增设"其中：数据资源"项目，反映资产负债表日确认为存货的数据资源的期末账面价值；在"无形资产"项目下增设"其中：数据资源"项目，反映资产负债表日确认为无形资产的数据资源的期末账面价值；在"开发支出"项目下增设"其中：数据资源"项目，反映资产负债表日正在进行数据资源研究开发项目满足资本化条件的支出金额。

（二）相关披露。

企业应当按照相关企业会计准则及本规定等，在会计报表附注中对数据资源相关会计信息进行披露。

1.确认为无形资产的数据资源相关披露。

（1）企业应当按照外购无形资产、自行开发无形资产等类别，对确认为无形资产的数据资源（以下简称数据资源无形资产）相关会计信息进行披露，并可以在此基础上根据实际情况对类别进行拆分。具体披露格式见附表2-1。

附表2-1

项目	外购的数据资源无形资产	自行开发的数据资源无形资产	其他方式取得的数据资源无形资产	合计
一、账面原值				
1.期初余额				
2.本期增加金额				
其中：购入				
内部研发				
其他增加				
3.本期减少金额				
其中：处置				
失效且终止确认				
其他减少				
4.期末余额				
二、累计摊销				
1.期初余额				
2.本期增加金额				
3.本期减少金额				
其中：处置				
失效且终止确认				
其他减少				
4.期末余额				

续表

项目	外购的数据资源无形资产	自行开发的数据资源无形资产	其他方式取得的数据资源无形资产	合计
三、减值准备				
1. 期初余额				
2. 本期增加金额				
3. 本期减少金额				
4. 期末余额				
四、账面价值				
1. 期末账面价值				
2. 期初账面价值				

（2）对于使用寿命有限的数据资源无形资产，企业应当披露其使用寿命的估计情况及摊销方法；对于使用寿命不确定的数据资源无形资产，企业应当披露其账面价值及使用寿命不确定的判断依据。

（3）企业应当按照《企业会计准则第28号——会计政策、会计估计变更和差错更正》(财会〔2006〕3号)的规定，披露对数据资源无形资产的摊销期、摊销方法或残值的变更内容、原因以及对当期和未来期间的影响数。

（4）企业应当单独披露对企业财务报表具有重要影响的单项数据资源无形资产的内容、账面价值和剩余摊销期限。

（5）企业应当披露所有权或使用权受到限制的数据资源无形资产，以及用于担保的数据资源无形资产的账面价值、当期摊销额等情况。

（6）企业应当披露计入当期损益和确认为无形资产的数据资源研究开发支出金额。

（7）企业应当按照《企业会计准则第8号——资产减值》(财会〔2006〕3号)等规定，披露与数据资源无形资产减值有关的信息。

（8）企业应当按照《企业会计准则第42号——持有待售的非流动资产、处置组和终止经营》（财会〔2017〕13号）等规定，披露划分为持有待售类别的数据资源无形资产有关信息。

2.确认为存货的数据资源相关披露。

（1）企业应当按照外购存货、自行加工存货等类别，对确认为存货的数据资源（以下简称数据资源存货）相关会计信息进行披露，并可以在此基础上根据实际情况对类别进行拆分。具体披露格式见附表2-2。

附表2-2

项目	外购的数据资源存货	自行开发的数据资源存货	其他方式取得的数据资源存货	合计
一、账面原值				
1.期初余额				
2.本期增加金额				
其中：购入				
采集加工				
其他增加				
3.本期减少金额				
其中：出售				
失效且终止确认				
其他减少				
4.期末余额				
二、存货跌价准备				
1.期初余额				
2.本期增加金额				
3.本期减少金额				
其中：转回				
转销				
4.期末余额				
三、账面价值				
1.期末账面价值				
2.期初账面价值				

（2）企业应当披露确定发出数据资源存货成本所采用的方法。

（3）企业应当披露数据资源存货可变现净值的确定依据、存货跌价准备的计提方法、当期计提的存货跌价准备的金额、当期转回的存货跌价准备的金额，以及计提和转回的有关情况。

（4）企业应当单独披露对企业财务报表具有重要影响的单项数据资源存货的内容、账面价值和可变现净值。

（5）企业应当披露所有权或使用权受到限制的数据资源存货，以及用于担保的数据资源存货的账面价值等情况。

3. 其他披露要求。

企业对数据资源进行评估且评估结果对企业财务报表具有重要影响的，应当披露评估依据的信息来源，评估结论成立的假设前提和限制条件，评估方法的选择，各重要参数的来源、分析、比较与测算过程等信息。

企业可以根据实际情况，自愿披露数据资源（含未作为无形资产或存货确认的数据资源）下列相关信息：

（1）数据资源的应用场景或业务模式、对企业创造价值的影响方式，与数据资源应用场景相关的宏观经济和行业领域前景等。

（2）用于形成相关数据资源的原始数据的类型、规模、来源、权属、质量等信息。

（3）企业对数据资源的加工维护和安全保护情况，以及相关人才、关键技术等的持有和投入情况。

（4）数据资源的应用情况，包括数据资源相关产品或服务等的运营应用、作价出资、流通交易、服务计费方式等情况。

（5）重大交易事项中涉及的数据资源对该交易事项的影响及风险分析，重大交易事项包括但不限于企业的经营活动、投融资活动、质押融资、关联方及关联交易、承诺事项、或有事项、债务重组、资产置换等。

（6）数据资源相关权利的失效情况及失效事由、对企业的影响及风险分析等，如数据资源已确认为资产的，还包括相关资产的账面原值及累计摊销、减值准备或跌价准备、失效部分的会计处理。

（7）数据资源转让、许可或应用所涉及的地域限制、领域限制及法律法规限制等权利限制。

（8）企业认为有必要披露的其他数据资源相关信息。

四、附则

本规定自2024年1月1日起施行。企业应当采用未来适用法执行本规定，本规定施行前已经费用化计入损益的数据资源相关支出不再调整。

附录3 《数据资产评估指导意见》

第一章 总则

第一条 为规范数据资产评估行为,保护资产评估当事人合法权益和公共利益,根据《资产评估基本准则》及其他相关资产评估准则,制定本指导意见。

第二条 本指导意见所称数据资产,是指特定主体合法拥有或者控制的,能进行货币计量的,且能带来直接或者间接经济利益的数据资源。

第三条 本指导意见所称数据资产评估,是指资产评估机构及其资产评估专业人员遵守法律、行政法规和资产评估准则,根据委托对评估基准日特定目的下的数据资产价值进行评定和估算,并出具资产评估报告的专业服务行为。

第四条 执行数据资产评估业务,应当遵守本指导意见。

第二章 基本遵循

第五条 执行数据资产评估业务,应当遵守法律、行政法规和资产评估准则,坚持独立、客观、公正的原则,诚实守信,勤勉尽责,谨慎从业,遵守职业道德规范,自觉维护职业形象,不得从事损害职业形象的活动。

第六条 执行数据资产评估业务,应当独立进行分析和估算并形成专业意见，拒绝委托人或者其他相关当事人的干预，不得直接以预先设定的价值作为评估结论。

第七条 执行数据资产评估业务，应当具备数据资产评估的专业知识和实践经验，能够胜任所执行的数据资产评估业务。缺乏特定的数据资产评估专业知识、技术手段和经验时，应当采取弥补措施，包括利用数据领域专家工作成果及相关专业报告等。

第八条 执行数据资产评估业务，应当关注数据资产的安全性和合法性，并遵守保密原则。

第九条 执行企业价值评估中的数据资产评估业务，应当了解数据资产作为企业资产组成部分的价值可能有别于作为单项资产的价值，其价值取决于它对企业价值的贡献程度。

数据资产与其他资产共同发挥作用时，需要采用适当方法区分数据资产和其他资产的贡献，合理评估数据资产价值。

第十条 执行数据资产评估业务，应当根据评估业务具体情况和数据资产的特性，对评估对象进行针对性的现场调查，收集数据资产基本信息、权利信息、相关财务会计信息和其他资料，并进行核查验证、分析整理和记录。

核查数据资产基本信息可以利用数据领域专家工作成果及相关专业报告等。资产评估专业人员自行履行数据资产基本信息相关的现场核查程序时，应当确保具备相应专业知识、技术手段和经验。

第十一条 执行数据资产评估业务，应当合理使用评估假设和限制条件。

第三章 评估对象

第十二条 执行数据资产评估业务，可以通过委托人、相关当事人等提供或者自主收集等方式，了解和关注被评估数据资产的基本情况，例如数据资产的信息属性、法律属性、价值属性等。

信息属性主要包括数据名称、数据结构、数据字典、数据规模、数据周期、产生频率及存储方式等。

法律属性主要包括授权主体信息、产权持有人信息，以及权利路径、权利类型、权利范围、权利期限、权利限制等权利信息。

价值属性主要包括数据覆盖地域、数据所属行业、数据成本信息、数据应用场景、数据质量、数据稀缺性及可替代性等。

第十三条　执行数据资产评估业务，应当知晓数据资产具有非实体性、依托性、可共享性、可加工性、价值易变性等特征，关注数据资产特征对评估对象的影响。

非实体性是指数据资产无实物形态，虽然需要依托实物载体，但决定数据资产价值的是数据本身。数据资产的非实体性也衍生出数据资产的无消耗性，即其不会因为使用而磨损、消耗。

依托性是指数据资产必须存储在一定的介质里，介质的种类包括磁盘、光盘等。同一数据资产可以同时存储于多种介质。

可共享性是指在权限可控的前提下，数据资产可以被复制，能够被多个主体共享和应用。

可加工性是指数据资产可以通过更新、分析、挖掘等处理方式，改变其状态及形态。

价值易变性是指数据资产的价值易发生变化，其价值随应用场景、用户数量、使用频率等的变化而变化。

第十四条　执行数据资产评估业务，应当根据数据来源和数据生成特征，关注数据资源持有权、数据加工使用权、数据产品经营权等数据产权，并根据评估目的、权利证明材料等，确定评估对象的权利类型。

第四章 操作要求

第十五条 执行数据资产评估业务，应当明确资产评估业务基本事项，履行适当的资产评估程序。

第十六条 执行数据资产评估业务，需要关注影响数据资产价值的成本因素、场景因素、市场因素和质量因素。

成本因素包括形成数据资产所涉及的前期费用、直接成本、间接成本、机会成本和相关税费等。

场景因素包括数据资产相应的使用范围、应用场景、商业模式、市场前景、财务预测和应用风险等。

市场因素包括数据资产相关的主要交易市场、市场活跃程度、市场参与者和市场供求关系等。

质量因素包括数据的准确性、一致性、完整性、规范性、时效性和可访问性等。

第十七条 资产评估专业人员应当关注数据资产质量，并采取恰当方式执行数据质量评价程序或者获得数据质量的评价结果，必要时可以利用第三方专业机构出具的数据质量评价专业报告或者其他形式的数据质量评价专业意见等。

数据质量评价采用的方法包括但不限于层次分析法、模糊综合评价法和德尔菲法等。

第十八条 同一数据资产在不同的应用场景下，通常会发挥不同的价值。资产评估专业人员应当通过委托人、相关当事人等提供或者自主收集等方式，了解相应评估目的下评估对象的具体应用场景，选择和使用恰当的价值类型。

第五章 评估方法

第十九条 确定数据资产价值的评估方法包括收益法、成本法和市场法三种基本方法及其衍生方法。

第二十条 执行数据资产评估业务，资产评估专业人员应当根据评估目的、评估对象、价值类型、资料收集等情况，分析上述三种基本方法的适用性，选择评估方法。

第二十一条 采用收益法评估数据资产时应当：

（一）根据数据资产的历史应用情况及未来应用前景，结合应用或者拟应用数据资产的企业经营状况，重点分析数据资产经济收益的可预测性，考虑收益法的适用性；

（二）保持预期收益口径与数据权利类型口径一致；

（三）在估算数据资产带来的预期收益时，根据适用性可以选择采用直接收益预测、分成收益预测、超额收益预测和增量收益预测等方式；

（四）区分数据资产和其他资产所获得的收益，分析与之有关的预期变动、收益期限，与收益有关的成本费用、配套资产、现金流量、风险因素；

（五）根据数据资产应用过程中的管理风险、流通风险、数据安全风险、监管风险等因素估算折现率；

（六）保持折现率口径与预期收益口径一致；

（七）综合考虑数据资产的法律有效期限、相关合同有效期限、数据资产的更新时间、数据资产的时效性、数据资产的权利状况以及相关产品生命周期等因素，合理确定经济寿命或者收益期限，并关注数据资产在收益期限内的贡献情况。

第二十二条　采用成本法评估数据资产时应当：

（一）根据形成数据资产所需的全部投入，分析数据资产价值与成本的相关程度，考虑成本法的适用性；

（二）确定数据资产的重置成本，包括前期费用、直接成本、间接成本、机会成本和相关税费等；

（三）确定数据资产价值调整系数，例如，对于需要进行质量因素调整的数据资产，可以结合相应质量因素综合确定调整系数；对于可以直接确定剩余经济寿命的数据资产，也可以结合剩余经济寿命确定调整系数。

第二十三条　采用市场法评估数据资产时应当：

（一）考虑该数据资产或者类似数据资产是否存在合法合规的、活跃的公开交易市场，是否存在适当数量的可比案例，考虑市场法的适用性；

（二）根据该数据资产的特点，选择合适的可比案例，例如，选择数据权利类型、数据交易市场及交易方式、数据规模、应用领域、应用区域及剩余年限等相同或者近似的数据资产；

（三）对比该数据资产与可比案例的差异，确定调整系数，并将调整后的结果汇总分析得出被评估数据资产的价值。通常情况下需要考虑质量差异调整、供求差异调整、期日差异调整、容量差异调整以及其他差异调整等。

第二十四条　对同一数据资产采用多种评估方法时，应当对所获得的各种测算结果进行分析，说明两种以上评估方法结果的差异及其原因和最终确定评估结论的理由。

第六章　披露要求

第二十五条　无论是单独出具数据资产的资产评估报告，还是将数据资产评估作为资产评估报告的组成部分，都应当在资产评估报告中披露必要信息，使资产评估报告使用人能够正确理解评估结论。

第二十六条　单独出具数据资产的资产评估报告，应当说明下列内容：

（一）数据资产基本信息和权利信息；

（二）数据质量评价情况，评价情况应当包括但不限于评价目标、评价方法、评价结果及问题分析等内容；

（三）数据资产的应用场景以及数据资产应用所涉及的地域限制、领域限制及法律法规限制等；

（四）与数据资产应用场景相关的宏观经济和行业的前景；

（五）评估依据的信息来源；

（六）利用专家工作或者引用专业报告内容；

（七）其他必要信息。

第二十七条　单独出具数据资产的资产评估报告，应当说明有关评估方法的下列内容：

（一）评估方法的选择及其理由；

（二）各重要参数的来源、分析、比较与测算过程；

（三）对测算结果进行分析，形成评估结论的过程；

（四）评估结论成立的假设前提和限制条件。

第七章　附则

第二十八条　本指导意见自2023年10月1日起施行。

附录4 《资产评估专家指引第9号——数据资产评估》

本专家指引是一种专家建议。评估机构执行资产评估业务，可以参照本专家指引，也可以根据具体情况采用其他适当的做法。中国资产评估协会将根据业务发展，对本专家指引进行更新。

第一章 引言

第一条 针对数据资产特点，结合目前实际操作中的部分难点和要点，中国资产评估协会组织制定了本专家指引。

第二条 本专家指引所指数据资产是由特定主体合法拥有或者控制，能持续发挥作用并且能带来直接或者间接经济利益的数据资源。

第三条 本专家指引所指数据资产评估，是资产评估机构及其资产评估专业人员遵守法律、行政法规和资产评估准则，接受委托对评估基准日特定目的下的数据资产价值进行评定和估算，并出具资产评估报告的专业服务行为。

第二章 评估对象

第四条 数据资产的基本状况通常包括：数据名称、数据来源、数据规模、产生时间、更新时间、数据类型、呈现形式、时效性、应用范围等。执行数据资产评估业务时，资产评估专业人员可以通过委托人提供、相关当事人提供、自主收集等方式获取数据资产的基本状况。

第五条 数据资产的基本特征通常包括：非实体性、依托性、多样性、可加工性、价值易变性等。通过对数据资产基本特征的了解，可以帮助资产评估专业人员分析基本特征对数据资产价值评估的影响。

（一）非实体性：数据资产无实物形态，虽然需要依托实物载体，但决定数据资产价值的是数据本身。数据的非实体性导致了数据的无消耗性，即数据不会因为使用频率的增加而磨损、消耗。这一点与其他传统无形资产相似。

（二）依托性：数据必须存储在一定的介质里。介质的种类多种多样，例如，纸、磁盘、磁带、光盘、硬盘等，甚至可以是化学介质或者生物介质。同一数据可以以不同形式同时存在于多种介质。

（三）多样性：数据的表现形式多种多样，可以是数字、表格、图像、声音、视频、文字、光电信号、化学反应，甚至是生物信息等。数据资产的多样性，还表现在数据与数据处理技术的融合，形成融合形态数据资产。例如，数据库技术与数据，数字媒体与数字制作特技等融合产生的数据资产。多样的信息可以通过不同的方法进行互相转换，从而满足不同数据消费者的需求。该多样性表现在数据消费者上，则是使用方式的不确定性。不同数据类型拥有不同的处理方式，同一数据资产也可以有多种使用方式。数据应用的不确定性，导致数据资产的价值变化波动较大。

（四）可加工性：数据可以被维护、更新、补充，增加数据量；也可以被删除、合并、归集，消除冗余；还可以被分析、提炼、挖掘，加工得到更深层次的数据资源。

（五）价值易变性：数据资产的价值受多种不同因素影响，这些因素随时间的推移不断变化，某些数据当前看来可能没有价值，但随着时代进步可能会产生更大的价值。另外，随着技术的进步或者同类数据库的发展，可能会导致数据资产出现无形损耗，表现为价值降低。

第六条 数据资产的价值影响因素包括技术因素、数据容量、数据价值密度、数据应用的商业模式和其他因素。其中技术因素通常包括数据获取、数据存储、数据加工、数据挖掘、数据保护、数据共享等。

第七条 数据资产可以按照数据应用所在的行业进行划分，不同行业的数据资产具有不同的特征，这些特征可能会对数据资产的价值产生较大的影响。以下列举的是部分行业数据资产的特征。

（一）金融行业数据资产的特征

1. 高效性：金融数据资产的高效性体现在能够提高金融系统运行效率，降低系统运行成本和维护成本，为数据库终端拥有人带来超额利润。数据库终端以科学技术为核心，不断进步的技术可以降低数据库终端的维护成本。

2. 风险性：金融数据资产的风险性主要包括研发风险和收益风险。研发风险是指在研究开发过程中，研究开发方虽然作了最大限度努力，但由于现有的认识水平、技术水平、科学知识以及其他现有条件的限制，仍然发生了无法预见、无法克服的技术困难，导致研究开发全部或者部分失败，因而引起的财产上的风险；数据库终端是在经历一系列研发失败之后的阶段性成果，研发失败的支出作为费用处理，账面的资产价值与研发成本具有弱对应性。金融数据资产的收益风险是指数据库终端的经济寿命受技术进步和市场不确定性因素的影响较大，竞争对手新开发或者升级的数据库终端有可能使得权利人的该项资产价值下降。

3. 共益性：金融数据资产的共益性是指数据库终端可以在同一时间不同地点由不同的主体同时使用。例如，数据库终端有不同的账号和密码，不同的个人账号和密码可以同时登录使用，机构的同一个账号和密码也可以同时由机构内不同人员登录使用。

（二）电信行业数据资产的特征

1. 关联性：电信行业数据几乎承载了用户所有的通信行为，并且数据之间存在着天然的关联基因。

2. 复杂性：电信行业数据不仅包括结构化数据，也包括非结构化数据以及混合结构数据。

（三）政府数据资产的特征通常包括数量庞大，领域广泛，异构性强。政府数据跨越了农业、气候、教育、能源、金融、地理空间、全球发展、医疗卫生、工作就业、公共安全、科学研究、气象气候等领域。这些来源广泛、数量巨大、非结构化的异质数据，增加了政府管理的难度。

数据资产对政府公共管理的潜在利用价值大。尽管数据资产能在各个领域显著提高创新力、竞争力和产出率，但对于不同部门而言，数据资产所带来的收益程度不同。政府数据资产的构成和特点分析表明，政府在数据占有方面具有天然的优势。占有巨量数据是从数据中挖掘出巨大价值的前提，但由于政府数据资产来自横向的不同部门或者管理领域以及纵向的不同层级，其数据资产管理面临着巨大的难度，这一难度既有数据资产及其技术发展方面的障碍，也有政府组织之间相互独立的限制和跨职能部门交流的障碍。

第八条　相同的数据资产，由于其应用领域、使用方法、获利方式的不同，会造成其价值差异。因此对数据资产商业模式的关注，可以帮助资产评估专业人员了解数据资产活动获取收益的方式。目前以数据资产为核心的商业模式主要有以下几种。

（一）提供数据服务模式：该模式的企业主营业务为出售经广泛收集、精心过滤的时效性强的数据，为用户提供各种商业机会。

（二）提供信息服务模式：该模式的企业聚焦某个行业，通过广泛收集相关数据、深度整合萃取信息，以庞大的数据中心加上专用的数据终端，形成数据采集、信息萃取、价值传递的完整链条，通过为用户提供信息服务的形式获利。

（三）数字媒体模式：数字媒体公司通过多媒体服务，面向个体，广泛收集数据，发挥数据技术的预测能力，开展精准的自营业务和第三方推广营销业务。

（四）数据资产服务模式：通过提供软件和硬件等技术开发服务，根据用户需求，从指导、安全认证、应用开发和数据表设计等方面提供全方位数据开发和运行保障服务，满足用户业务需求，提升客户营运能力。并通过评估数据集群运行状态优化运行方案，以充分发挥客户数据资产的使用价值，帮助客户将数据资产转化为实际的生产力。

（五）数据空间运营模式：该模式的企业主要为第三方提供专业的数据存储服务业务。

（六）数据资产技术服务模式：该模式的企业为第三方提供开发数据资产所需的应用技术和技术支持作为商业模式。例如，提供数据管理以及处理技术、多媒体编解码技术，语音语义识别技术，数据传输与控制技术等。

第九条　数据资产的法律因素通常包括数据资产的权利属性以及权利限制、数据资产的保护方式等。关注数据资产所有权的具体形式、以往使用和转让的情况对数据资产价值的影响、数据资产的历史诉讼情况等法律因素情况，可以帮助评估专业人员判断法律因素对数据资产价值的影响程度。

第十条　数据资产的经济因素通常包括数据资产的取得成本、获利状况、类似资产的交易价格、市场应用情况、市场规模情况、市场占有率、竞争情况等。通过对经济因素情况的分析，资产评估专业人员可以判断经济因素对数据资产价值的影响程度。

第十一条　数据资产的使用过程中存在隐私保护方面的风险。部分数据如果使用不当，可能会产生损害国家安全、泄露商业秘密、侵犯个人隐私等问题。数据资产在实际应用中需要考虑合法性，资产评估专业人员应当关注此类事项对数据资产评估的影响。

第三章　数据资产的评估方法

第十二条　数据资产价值的评估方法包括成本法、收益法和市场法三种基本方法及其衍生方法。

第十三条　执行数据资产评估业务，应当根据评估目的、评估对象、价值类型、资料收集等情况，分析上述三种基本方法的适用性，选择评估方法。数据资产评估方法的选择应当注意方法的适用性，不可机械地按某种模式或者某种顺序进行选择。

成本法是根据形成数据资产的成本进行评估。尽管无形资产的成本和价值先天具有弱对应性且其成本具有不完整性，但一些数据资产应用成本法评估其价值存在一定合理性。

收益法是通过预计数据资产带来的收益估计其价值。这种方法在实际中比较容易操作。该方法是目前对数据资产评估比较容易接受的一种方法。虽然目前使用数据资产直接取得收益的情况比较少，但根据数据交易中心提供的交易数据，还是能够对部分企业数据资产的收益进行了解。

市场法是根据相同或者相似的数据资产的近期或者往期成交价格，通过对比分析，评估数据资产价值的方法。根据数据资产价值的影响因素，可以利用市场法对不同属性的数据资产的价值进行对比和分析调整，反映出被评估数据资产的价值。

第十四条　对于成本法，数据资产的价值由该资产的重置成本扣减各项贬值确定。其基本计算公式：

评估值=重置成本×（1-贬值率）或者评估值=重置成本-功能性贬值-经济性贬值

第十五条　使用成本法执行数据资产评估业务时，首先要根据数据资产形成的全部投入，分析数据资产价值与成本的相关程度，考虑成本法的适用性。然后要确定数据资产的重置成本。数据资产的重置成本包括合理的成本、利润和相关税费。合理的成本则包括直接成本和间接费用。

第十六条　在成本法中，数据资产的取得成本需要根据创建数据资产生命的流程特点，分阶段进行统计。尽管数据资产的存储、分析、挖掘技术复杂多变，但目前普遍使用的流程可以概括为四步，即数据采集、数据导入和预处理、数据统计和分析、数据挖掘。其中，数据采集属于数据资产获取阶段，后三个步骤属于数据资产研发阶段。

数据获取可能是主动获取，也可能是被动获取。数据主动获取可能发生的成本有：向数据持有人购买数据的价款、注册费、手续费，通过其他渠道获取数据时发生的市场调查、访谈、实验观察等费用，以及在数据采集阶段发生的人工工资、场地租金、打印费、网络费等相关费用。被动获取的数据包括企业生产经营中获得的数据、相关部门开放并经确认的数据、企业相互合作共享的数据等。从企业角度看，被动获取的数据如果要形成数据资产，还需要企业自身进行大量资源数据的清洗、研发和深挖掘，在数据获取阶段企业付出的成本较小，因此在获取阶段，可以只考虑发生的数据存储等费用，成本重心落在数据资产研发阶段。研发阶段发生的成本通常包括设备折旧、研发人员工资等费用。采用成本法进行数据资产评估时，需要合理确定贬值。数据资产贬值主要包括功能性贬值和经济性贬值。

第十七条　在传统无形资产成本法的基础上，可以综合考虑数据资产的成本与预期使用溢价，加入数据资产价值影响因素对资产价值进行修正，建立一种数据资产价值评估成本法模型。成本法模型的表达式：

$$P=TC \times (1+R) \times U$$

其中：P—评估值；

TC—数据资产总成本；

R—数据资产成本投资回报率；

U—数据效用。

第十八条　在上述评估模型中，数据资产总成本TC表示数据资产从产生到评估基准日所发生的总成本。数据资产总成本可以通过系统开发委托合同和实际支出进行计算，主要包括建设成本、运维成本和管理成本三类，并且不同的数据资产所包含的建设费用和运维费用的比例是不同的。因此，每一个评估项对数据资产价值产生多大的影响，必须给出一个比较合理的权重。其中建设成本是指数据规划、采集获取、数据确认、数据描述等方面的内容；运维成本包含着数据存储、数据整合、知识发现等评价指标；管理成本主要由人力成本、间接成本以及服务外包成本构成。

第十九条　在上述评估模型中，数据效用U是影响数据价值实现因素的集合，用于修正数据资产成本投资回报率R。数据质量、数据基数、数据流通以及数据价值实现风险均会对数据效用U产生影响。定义数据效用的表达式：

$$U=\alpha\beta(1+l)(1-r)$$

其中：α—数据质量系数；

β—数据流通系数；

l—数据垄断系数；

r—数据价值实现风险系数。

（一）数据质量系数 α

数据质量是指数据固有质量，可以通过对数据完整性、数据准确性和数据有效性三方面设立约束规则，利用统计分析数据是否满足约束规则完成量化。基于统计学的思想，数据质量为满足要求的数据在数据系统中的百分比。数据质量的评价办法由数据模块、规则模块和评价模块三者组成。

数据模块是数据资产价值评估的对象，即待评估数据资产的合集。

规则模块用于生成数据的检验标准，即数据的约束规则。约束规则应当根据具体的业务内容和数据自身规则(如值域约束和语法约束)提炼出基本约束，并归纳形成规则库。在对数据质量进行评价时，约束规则是对数据进行检测的依据。

评价模块是数据质量评估办法的关键模块，目的是利用规则模块中的约束规则对数据进行检验并分析汇总。各个规则模块获取的结果需要加权汇总以获得最终的数据质量系数。

（二）数据流通系数 β

数据资产按流通类型可以分为开放数据、公开数据、共享数据和非共享数据四类。因此，在考察数据流通效率时，首先通过可流通数据量占总数据量的比重确定数据对外开放共享程度；然后，考虑到不同的数据流通类型对数据接受者范围的影响，需要将数据传播系数考虑进来。传播系数是指数据的传播广度，即数据在网络中被他人接受的总人次，可以通过查看系统访问量、网站访问量获得。

数据流通系数表示为：

数据流通系数＝（传播系数×可流通的数据量）/总数据量

＝（a×开放数据量+b×公开数据量+c×共享数据量）/总数据量

其中，a、b、c分别为开放、公开和共享三种数据流通类型的传播系数，非共享数据流通限制过强，对整体流通效率影响忽略不计。

（三）数据垄断系数l

数据资产的垄断程度是由数据基数决定，即该数据资产所拥有的数据量占该类型数据总量的比例，可以通过某类别数据在整个行业领域内的数据占比衡量，即通过比较同类数据总量来确定。

数据垄断系数表示为：

数据垄断系数＝系统数据量/行业总数据量

数据是现实事物的客观描述。衡量某种数据的垄断不仅受限于所属行业，还可能与其所处的地域相关。

（四）数据价值实现风险系数r

在数据价值链上的各个环节都存在影响数据价值实现的风险。数据价值实现风险分为数据管理风险、数据流通风险、增值开发风险和数据安全风险四个二级指标和设备故障、数据描述不当、系统不兼容、政策影响、应用需求、数据开发水平、数据泄露、数据损坏八个三级指标。由于数据资产价值实现环节较多且评估过程复杂，可以采用专家打分法与层次分析法获得其风险系数。

第二十条　收益法评估数据资产时，数据资产作为经营资产直接或者间接产生收益，其价值实现方式包括数据分析、数据挖掘、应用开发等。收益法较真实、准确地反映了数据资产本金化的价值，更容易被交易各方所接受。

第二十一条　收益法评估的基本计算公式：

$$P=\sum_{t=1}^{n} F_t \frac{1}{(1+i)^t}$$

其中：P—评估值；

F_t—数据资产未来第t个收益期的收益额；

n—剩余经济寿命期；

t—未来第t年；

i—折现率。

根据收益法基本公式，在获取数据资产相关信息的基础上，根据该数据资产或者类似数据资产的历史应用情况以及未来应用前景，结合数据资产应用的商业模式，重点分析数据资产经济收益的可预测性，考虑收益法的适用性。

第二十二条　在估算数据资产带来的预期收益时，需要区分数据资产和其他资产所获得的收益，分析与之有关的预期变动、收益期限、成本费用、配套资产、现金流量、风险因素等。

数据资产的预期收益是因数据资产的使用而额外带来的收益，数据资产收益现金流是全部收益扣除其他资产的贡献后归属于数据资产的现金流。数据资产的获利形式通常包括对企业顾客群体细分、模拟实境、提高投入回报率、数据存储空间出租、管理客户关系、个性化精准推荐、数据搜索等。目前确定数据资产现金流的方法有增量收益、收益分成或者超额收益等方式。确定预期收益时，注意区分并剔除与委托评估的数据资产无关的业务产生的收益，并关注数据资产产品或者服务所属行业的市场规模、市场地位以及相关企业的经营情况。

第二十三条　使用收益法执行数据资产评估业务时，需要综合考虑法律保护期限、相关合同约定期限、数据资产的产生时间、数据资产的更新时间、数据资产的时效性以及数据资产的权利状况等因素确定收益期限。收益期限不得超出产品或者服务的合理收益期。

第二十四条　使用收益法执行数据资产评估业务时，应当合理确定折现率。折现率可以通过分析评估基准日的利率、投资回报率，以及数据资产权利实施过程中的技术、经营、市场、资金等因素确定。数据资产折现率可以采用无风险报酬率加风险报酬率的方式确定。数据资产折现率与预期收益的口径保持一致。

第二十五条　执行数据资产评估业务，选用市场法的前提条件是具有公开并活跃的交易市场。

第二十六条　市场法通过以下公式中的因素修正评估数据资产价值：

被评估数据资产的价值=可比案例数据资产的价值×技术修正系数×价值密度修正系数×期日修正系数×容量修正系数×其他修正系数

第二十七条　使用市场法执行数据资产评估业务时，在充分了解被评估数据资产的情况后，需要收集类似数据资产交易案例相关信息，包括交易价格、交易时间、交易条件等信息，并从中选取可比案例。对于类似数据资产，可以从相近数据类型和相近数据用途两个方面获取。目前比较常见的数据类型包括用户关系数据、基于用户关系产生的社交数据、交易数据、信用数据、移动数据、用户搜索表征的需求数据等。目前比较常见的数据用途包括精准化营销、产品销售预测和需求管理、客户关系管理、风险管控等。

第二十八条 使用市场法执行数据资产评估业务时，应当收集足够的可比交易案例，并根据数据资产特性对交易信息进行必要调整，调整参数一般可以包括技术修正系数、价值密度修正系数、期日修正系数、容量修正系数和其他修正系数。

其中，技术修正系数主要考虑因技术因素带来的数据资产价值差异，通常包括数据获取、数据存储、数据加工、数据挖掘、数据保护、数据共享等因素。

期日修正系数主要考虑评估基准日与可比案例交易日期的不同带来的数据资产价值差异。一般来说，离评估基准日越近，越能反映相近商业环境下的成交价，其价值差异越小。期日修正系数的基本公式：期日修正系数=评估基准日价格指数/可比案例交易日价格指数。

容量修正系数主要考虑不同数据容量带来的数据资产价值差异，其基本逻辑：一般情况下，价值密度接近时，容量越大，数据资产总价值越高。容量修正系数的基本公式：容量修正系数=评估对象的容量/可比案例的容量。当评估对象和可比案例的价值密度相同或者相近时，一般只需要考虑数据容量对资产价值的影响；当评估对象和可比案例的价值密度差异较大时，除需要考虑数据容量之外，还需要考虑价值密度对资产价值的影响。

价值密度修正系数主要考虑有效数据占总体数据比例不同带来的数据资产价值差异。价值密度用单位数据的价值来衡量，价值密度修正系数的逻辑：有效数据（指在总体数据中对整体价值有贡献的那部分数据）占总体数据量比重越大，则数据资产总价值越高。如果一项数据资产可以进一步拆分为多项子数据资产，每一项子数据资产可能具有不同的价值密度，那么总体的价值密度应当考虑每个子数据资产的价值密度。

其他修正系数主要考虑数据资产评估实务中，根据具体数据资产的情况，影响数据资产价值差异的其他因素，例如，市场供需状况差异。可以根据实际情况考虑可比案例差异，选择修正系数。

第二十九条 当前正值数据资产市场建设期，交易透明度、信息公开度还需要时间来提升，有些数据资产不是在企业经营中形成直接收益，直接预测收益有一定难度，需要进行大量的市场调研、应用推演和实践检验。在上述条件下，可以考虑使用成本法，而收益法和市场法通常适用于交易性和收益性较好的数据资产评估。

第三十条 资产评估专业人员执行数据资产评估业务时，不论选择哪种评估方法进行评估，都应当保证评估目的与评估所依据的各种假设、前提条件，所使用的各种参数，在性质和逻辑上的一致。尤其是在运用多种评估方法评估同一评估对象时，更要保证每种评估方法运用中所依据的各种假设、前提条件，数据参数的可比性，以便能够使运用不同评估方法所得到的测算结果具有可比性和相互可验证性。

第四章 数据资产评估报告的编制

第三十一条 鉴于我国数据资产的产权还没有专门的法律法规予以明确，在编制数据资产评估报告时，可以就数据资产的来源、加工、形成进行描述，关注资产评估相关准则对评估对象产权描述的规定。

第三十二条 在编制数据资产评估报告时，不得违法披露数据资产涉及的国家安全、商业秘密、个人隐私等数据。

第三十三条 编制数据资产评估报告需要反映数据资产的特点，通常包括下列内容：

（一）评估对象的详细情况，通常包括数据资产的名称、来源、数据规模、产生时间、更新时间、数据类型、呈现形式、时效性、应用范围、权利属性、使用权具体形式以及法律状态等；

（二）数据资产应用的商业模式；

（三）对影响数据资产价值的基本因素、法律因素、经济因素的分析过程；

（四）使用的评估假设和前提条件；

（五）数据资产的许可使用、转让、诉讼和质押情况；

（六）有关评估方法的主要内容，包括评估方法的选取及其理由，评估方法中的运算和逻辑推理公式，各重要参数的来源、分析、比较与测算过程，对测算结果进行分析并形成评估结论的过程；

（七）其他必要信息。

参考文献

[1] 中国信息通信研究院．数据要素白皮书（2022），2023．

[2] 中国信息通信研究院．中国数字经济发展研究报告（2024），2024．

[3] 恒丰银行．商业银行数据资产估值研究与入表探索白皮书，2023．

[4] 辛树人．探索数据资产融资新路径助力数字经济高质量发展[J]．清华金融评论，2024（9）：93-96．

[5] 辛树人．创新数据资产估值体系激发数据价值内生动力[J]．清华金融评论，2023（12）：67-70．

[6] 赵治纲．数据资产入表：理论与实务[M]．北京：中国财政经济出版社，2024．

[7] 王琰，孟庆国，朱越等．一本书讲透数据资产入表[M]．北京：机械工业出版社，2024．

[8] 中国光大银行．企业数据资源会计核算|实施方案，2023．

[9] 普华永道．企业数据资源"五步法"入表路径解析[OL]．2023．

[10] 毕马威．数起毕帆，潮平岸阔："双循环"新格局下，数据资产化与入表畅通之道，2023．

[11] 上海数据交易所．数据资产入表及估值实践与操作指南，2023．

[12] 上海数据交易所，普华永道. 数据要素视角下的数据资产化研究报告, 2022.

[13] 北京易华录等联合体成员单位. 数据资源入表白皮书, 2023.

[14] 工业和信息化部电子第五研究所. 数据确权授权的流程与技术规范, 2024.

[15] 大数据技术标准推进委员会. 数据资产管理实践白皮书（6.0版）, 2023.

[16] 李宝瑜, 王硕, 刘洋等. 国家数据资产核算分类体系研究[J]. 统计学报, 2023, 4（3）: 4-5.

[17] 张素华. 数据资产入表的法律配置[J]. 中国法学, 2024, 4: 1-3.

[18] 许宪春, 张钟文, 胡亚茹. 数据资产统计与核算问题研究[J]. 管理世界, 2022, 38（2）: 16-30+2.

[19] 田侃, 倪红福, 李罗伟. 中国无形资产测算及其作用分析[J]. 中国工业经济, 2016（3）: 5-19.

[20] 吕玉芹, 袁昊, 舒平. 论数字资产的会计确认和计量[J]. 中央财经大学学报, 2003（11）.

[21] 刘国英, 周冬华. IASB概念框架下数据资产准则研究[J]. 财会月刊, 2021, 21: 66-71.

[22] 肖兰华, 马晓青. 高新技术企业无形资产会计核算之改进[J]. 财会月刊, 2015, 32: 38-40.

［23］张俊瑞，危雁麟，宋晓悦．企业数据资产的会计处理及信息列报研究［J］．会计与经济研究，2020，3：3-15．

［24］证券日报．推进数据资产"入表"是大势所趋［OL］．2025．

［25］中华人民共和国财政部．企业会计准则——基本准则，〔2014〕76号．

［26］中华人民共和国财政部．企业会计准则第6号——无形资产，〔2006〕3号．

［27］中共中央、国务院．关于构建更加完善的要素市场化配置体制机制的意见，中发〔2020〕9号．

［28］中共中央．中华人民共和国国民经济和社会发展第十四个五年规划和2035年远景目标纲要，2021．

［29］国务院．"十四五"数字经济发展规划，国发〔2021〕29号．

［30］中共中央、国务院．中共中央国务院关于构建数据基础制度更好发挥数据要素作用的意见，中发〔2022〕32号．

［31］中共中央、国务院．数字中国建设整体布局规划，中发〔2022〕33号．

［32］中华人民共和国财政部．企业数据资源相关会计处理暂行规定，财会〔2023〕11号．

［33］中华人民共和国财政部．关于加强数据资产管理的指导意见，财资〔2023〕141号．

［34］中华人民共和国财政部．关于加强行政事业单位数据资产管理

的通知，财资〔2024〕1号.

[35] 国家数据局等17部门. "数据要素×"三年行动计划（2024—2026年），国数政策〔2023〕11号.

[36] 国务院国有资产监督管理委员会. 关于优化中央企业资产评估管理有关事项的通知，国资发产权规〔2024〕8号.

[37] 全国信息安全标准化技术委员会. APP违法违规收集使用个人信息自评估指南，信安秘字〔2020〕40号.

[38] 中华人民共和国公安部. 互联网个人信息安全保护指南，2019.

[39] 全国数据资源调查工作组. 全国数据资源调查报告（2023），2024.

[40] 中国资产评估协会. 数据资产评估指导意见，中评协〔2023〕17号.

[41] 中国资产评估协会. 资产评估专家指引第9号——数据资产评估，〔2019〕40号.

[42] 深圳市政务服务数据管理局. 深圳经济特区数据条例，2021.

[43] 北京市人民代表大会常务委员会. 北京市数字经济促进条例，〔十五届〕第89号.

[44] 北京市经济和信息化局. 北京市数字经济全产业链开放发展行动方案，2022.

[45] 上海市人民代表大会常务委员会. 上海市数据条例，2022.

[46] 上海市经济信息化委员会. 上海市数据交易场所管理实施暂行

办法，沪经信规范〔2023〕3号.

[47] 广东省人民代表大会常务委员会.广东省数字经济促进条例，〔十三届〕第85号，2021.

[48] 山东省人民代表大会常务委员会.山东省大数据发展促进条例，〔十三届〕第167号，2021.

[49] 天津市人民代表大会常务委员会.天津市促进大数据发展应用条例，〔十七届〕，2018.